Diane di Prima
Memórias de uma beatnik

Tradução
Ludimila Hashimoto

TÍTULO ORIGINAL: **Memoirs of a Beatnik**
Copyright © Diane di Prima, 1969, 2013

PREPARAÇÃO E REVISÃO DE TEXTO: **Books & Ideas e Andréa Bruno**

DIAGRAMAÇÃO E CAPA: **Alexandre Monti**

FOTO DA CAPA: **James Oliver Mitchell**
Diane di Prima fotografada em algum momento
entre 1953 e 1960.

Dados Internacionais de Catalogação na Publicação (CIP)
(Câmara Brasileira do Livro, SP, Brasil)

Di Prima, Diane
  Memórias de uma beatnik / Diane Di Prima ;
tradução Ludimila Hashimoto. -- 1. ed. --
São Paulo : Editora Campos, 2013.

  Título original: Memoirs of a beatnik.
  ISBN 978-85-63137-06-7

  1. Ficção autobiográfica norte-americana
2. Ficção erótica 3. Geração beat - Ficção
4. Mulheres artistas - Ficção 5. Mulheres jovens -
Ficção I. Título.

13-05111   CDD-813.5

Índices para catálogo sistemático:

1. Ficção autobiográfica : Literatura
    norte-americana   813.5

Editora Veneta
Rua Araújo, 124, 1º andar, São Paulo
Cep: 01220-020
contato@veneta.com.br
www.veneta.com.br

Diane di Prima
Memórias de uma beatnik

Nota da autora

"O que será que aconteceu com todos aqueles beatniks?", refletiu a loira, aluna do primeiro ano, que me levava de volta a São Francisco após a sessão de leitura que fiz na Berkeley ano passado.

Bom, querida, alguns de nós venderam tudo e viraram hippies. Outros conseguiram preservar a integridade, aceitando subvenções do governo ou escrevendo romances pornográficos. John Wieners está louco e foi internado em Buffalo, Fred Herko pulou de uma janela, Gary Snyder é um monge zen. Tem de tudo. Ou, como minha filha de onze anos me disse recentemente, lembrando-se do início de sua infância:

"Tenho muita saudade daqueles tempos. Eram difíceis, mas eram lindos."

As coisas agora estão mais para bonitinhas. Uma Nova Era, com um pouco da gordura pós-parto ainda aparecendo.

Fique ligada.

Diane di Prima

Maio de 1969

Capítulo 1

Fevereiro

DESPERTEI COM OS SONS DA MANHÃ EM WEST VILLAGE. OS SONS DO trânsito. Caminhões passavam lá fora, e o asfalto estava molhado. Estavam nervosos, buzinando e bufando uns para os outros. A janela estava aberta, e a veneziana tremulava um pouco, uma ponta batendo na esquadria sem parar, em um ritmo irregular. Abri os olhos, virei-me na cama e examinei o ambiente.

O quarto era de um amarelo vivo, que contrabalançava a luz cinza pálida do amanhecer chuvoso. Além da cama baixa, o único móvel do quarto era feito de tábuas roubadas de empresas de papel próximas e pintadas de um preto chapado. Serviam de mesas e cadeiras, e nenhuma almofada quebrava a austeridade da mobília, nenhuma estampa indiana nem tecidos aveludados que depois nos acostumaríamos a ver recobrindo os móveis nos anos 1960. Havia uma grande plataforma, colocada junto à parede e diante do pé da cama, com uma vela de pelo menos trinta centímetros de diâmetro e cerca de um metro de altura. Ivan tinha um orgulho especial dessa vela. Ele comentou isso comigo quando chegamos ao seu apartamento pela primeira vez, dizendo que precisara de dezessete dólares de cera para fazê-la. Ela foi nossa iluminação durante as atividades da noite.

Embora estivéssemos apenas no segundo andar, o quarto tinha sido "decorado" com uma espécie de falso beiral. Ele se inclinava ligeiramente acima das janelas e envolvia a cama em sombra. Era um cômodo grande, e o frescor da pintura e o acabamento impecável do piso o faziam parecer um sótão um tanto luxuoso. Como se o pessoal de *La Bohème* tivesse conseguido algum dinheiro e pintado tudo, pensei quase rindo alto.

Através de uma passagem em arco, pude ver apenas de relance a cozinha do tamanho de um armário, reluzente com utensílios novos. À direita da cozinha, eu sabia, havia um banheiro igualmente minúsculo, perfeitamente ladrilhado e abastecido com toalhas felpudas e macias, de cores escuras e luxuosas, além de uma variedade de óleos de banho caros. Uma miniatura perfeita, uma casa de boneca. E alguém estivera brincando de casinha ali, sem dúvida.

Bom, lá estava eu. Estiquei as pernas, arqueando os dedos do pé e suspirando só um pouco, para não acordar o garoto ainda dormindo ao meu lado. Lá estava eu, e, pensei com ironia, este é apenas o primeiro de muitos apartamentos estranhos em que acordarei. Os músculos das coxas estavam doloridos. Passei a mão por eles, sentindo a aspereza da porra seca aqui e ali. Depois deslizei a mão por entre as pernas e toquei de leve os lábios da vulva. A pele estava sensível quando deslizei os dedos para dentro da vagina, explorando delicadamente. Ele era grande mesmo, pensei. Um grande para a primeira vez, que bom! Estremeci de prazer enquanto explorava o terreno familiar, e meus pelos dos braços arrepiaram. Agora, pensei, com um sorrisinho de prazer cínico, com certeza não terei mais dificuldade para usar absorvente interno.

Ivan ainda dormia, de costas para mim. Tirei de leve o lençol de nós dois e comparei o tom rosado, quase lilás, da minha pele com a luz pálida, verde-oliva, que o corpo dele emitia. Nós combinávamos. Era um prazer ficar ali deitada, levemente excitada, passando a mão sobre a pele macia dos meus próprios seios e minha barriga, e sabendo que, a qualquer momento, eu poderia iniciar a dança que satisfaria meu próprio desejo e traria deleite à criatura ao meu lado.

Virei de lado e coloquei a boca nas costas dele, passando de leve a língua em uma cavidade da coluna. Ele tinha uma vértebra grande ali na lombar, pouco antes da curva acima da bunda. Eu a explorei minuciosamente com a boca, seguindo até o fim da espinha, e comecei de novo, desta vez incluindo os dedos, esfregando-os suavemente sobre os flancos e as laterais, levantando a bela penugem que cobria sua pele pálida.

Ivan já estava completamente desperto, mexendo-se ao meu toque, e, enquanto eu revolvia os pelos de sua nuca com a língua, ele se virou para mim, cobrindo minha boca com a sua. Passei um braço pelos dois ombros, notando que, para a sua altura, seus ombros eram muito estreitos – como os de uma garota. Por algum motivo, aquilo me excitou ainda mais, e movi o corpo de modo a ficar quase deitada sobre ele, dedicando total atenção ao nosso beijo.

Existem tantos tipos de beijo quanto há pessoas no mundo, e as permutações e combinações dessas pessoas. Não há duas pessoas que beijem do mesmo jeito – nem duas pessoas que transem do mesmo jeito –, mas, de alguma forma, o beijo é ainda mais pessoal, mais individualizado que a transa.

Há os que beijam de modo intenso, ardente, os lábios apertados e tensos, a língua dura, enfiada com firme determinação o mais fundo possível dentro da boca do outro. Há os que beijam languidamente, de modo casual e voluptuoso, com a boca solta, roçando de leve, a língua quase sem força suficiente para se aventurar adiante. Há os beijadores sagazes, cujo beijo parece casual no início e surpreende o outro em vastas explosões de desejo. Há os beijadores insinuantes, cujo beijo é tão obsceno que causa no outro uma ligeira repulsa, como se tivessem acabado de curtir uma foda rápida no chão do banheiro. E há os virginais, que, no ato de virar a boca do outro praticamente do avesso, dão a impressão de estar segurando a mão da pessoa com recato. Há os que beijam como se estivessem fodendo: a língua se move freneticamente para a frente e para trás entre os lábios do outro em um ritmo ofegante. Existem muitos, muitos outros tipos principais de beijos – pelo menos doze me vêm à mente de pronto. Relacione os seus favoritos abaixo:

Nosso beijo começou nos lábios, bocas soltas, relaxadas, brincando e tocando de modo suave, buscando confundir-se uma com a outra, para se tornarem uma boca, mas sem urgência. A excitação aumentou aos poucos, até os lábios se comprimirem ferozmente contra os dentes ainda fechados. Um relaxamento e, em seguida, a língua dele saiu e começou a examinar meu lábio inferior por dentro, estimulando e deslizando suavemente nos cantos, passando pela minha gengiva e curvando meu lábio para baixo. A língua se retirou, e a minha foi atrás, para fazer o mesmo jogo, mas com mais ardor, passando por dentro do lábio superior também e descendo pelos lados, estufando uma de suas bochechas, depois a outra. Quando me cansei disso, passei a mordiscar seu lábio inferior. Então sua língua saiu novamente, séria e tensa, buscando o céu da minha boca e a pele sob a minha língua. Mudamos de posição para entrelaçar corpos e bocas com mais proximidade; minha mão encontrou seu pau lindo e grande e começou a acariciá-lo, parando de vez em quando para encaixar a cabeça ampla no interior da palma da minha mão.

Nossas línguas agora competiam em uma intensa partida de esgrima, tocando e inclinando, enquanto nos movíamos de um lado ao outro na tentativa de expor nossos corpos a um contato cada vez mais pleno. Deslizei o joelho por baixo do seu saco e me virei levemente, enquanto examinava todo o seu palato com a ponta da língua. Em resposta, ele pressionou a coxa de modo desajeitado contra minha genitália, apenas tocando meu clitóris. Uma onda quente de prazer se espalhou em mim, e comecei a esfregar a buceta na perna dele, segurando-o com as coxas, enquanto minha boca deixava a dele e buscava o côncavo que eu adorava na base do seu pescoço.

Ele ficou deitado, a cabeça para trás e os olhos fechados, enquanto eu traçava com a boca a linha do seu pescoço, da sua clavícula e do seu peito, deixando uma trilha tênue de saliva na pele clara. Minha língua brincou um pouco com seus mamilos pequenos e duros, e segui meu caminho para o sul, parando de vez em quando para mordiscar a carne macia abaixo das costelas ou para percorrer seu umbigo com a língua. Suas mãos ávidas na minha cabeça me empurraram para baixo, na direção do seu pau enorme, mas resisti, de brincadeira. Ninguém ia me apressar. Peguei um dos pelos pretos de sua barriga entre os dentes e dei um leve puxão. Segui os belos ossos de sua pelve com a boca, observando a maneira como a pele, esticada e firme, descia a um espaço oco, liso e sensual como dunas de areia. Deixei uma marca de dente ali e segui meu caminho devagar. Ivan soltou um gemido. Suas mãos, reduzindo levemente a pressão, começaram a brincar com meu cabelo de modo frenético. Passei a boca e a língua na pele macia entre o umbigo e a virilha, até os músculos saltarem e se contraírem com meu toque, e eu ouvir seus suspiros rápidos e involuntários.

Desci meu corpo ao longo de suas pernas, até minha boca encontrar o pau ereto. Comecei a brincar com ele, passando os lábios nas laterais, lambendo aqui e ali na base, no emaranhado de pelos escuros e de cheiro rançoso. Por fim, diante da mensagem urgente de suas mãos, minha boca se fechou sobre a grande cabeça do pau, e senti o gosto do líquido agridoce da ponta. Curvei a cabeça para baixo o máximo que pude, enchendo toda a boca, esforçando-me para aumentar o espaço e envolvê-lo mais completamente. A cabeça pressionou o fundo da minha garganta, e senti uma leve ânsia, mas sua excitação crescente não me deixava pensar em mais nada. Deslizei as mãos sob sua bunda e o puxei para mais perto de mim, mexendo a cabeça para cima e para baixo e pressionando minha própria abertura úmida contra o joelho dele. Minha mente flutuava. Minha visão embaçada registrou um feixe de luz do sol na parede amarela repetidas vezes. Lembro-me de um pensamento irrelevante: a chuva havia parado. E ouvi Ivan arfando e gemendo abaixo de mim.

Meu próprio desejo se tornou mais urgente. Eu queria aquele pau grande e latejante dentro de mim. Tirei a boca rapidamente, enquanto ele estremecia. Parei brevemente para lamber suas bolas cheias e redondas e, deslizando o corpo sobre ele, ergui-me com os braços e fiquei agachada de modo que minha buceta úmida ficasse logo acima do cacete. Abaixei-me sobre ele, guiando-o para o lugar certo e me contorcendo para colocá-lo dentro da abertura ainda apertada. Mas havia mais. Eu ainda não estava com a ferramenta enorme totalmente em mim. Nós nos afastamos um pouco, e eu deslizei uma perna para cima, acima do ombro dele. Suas mãos nas minhas nádegas me puxaram para mais perto – ele estava dentro, até o fim. Meu corpo parecia derreter, uma névoa cinza se derramou diante dos meus olhos. Estávamos de lado, minha perna estendida abaixo de mim, a outra acima do ombro dele. Balançamos e circulamos em uma onda crescente de êxtase. Meu cabelo longo se soltou e derramou sobre nós dois. Por fim, cedi, meu corpo inteiro repleto de prazer, e senti o fluxo de satisfação atravessar minha carne, enquanto sua porra quente enchia minha buceta até transbordar e, com um grito estremecido, ele desabar sobre mim.

Sei que muito tempo se passou até nos movermos, porque, quando ergui a cabeça, vi que o feixe de luz amarela percorrera uma boa distância na parede e afundara em algum lugar perto do rodapé. Mexi um pouco a perna, e Ivan retirou o pinto flácido e molhado de dentro de mim, causando uma sensação agradável e delicada. Ele estendeu um braço acima de mim e pegou o despertador elétrico que tinha sido derrubado pela nossa movimentação. Deu um longo assobio ao ver a hora, começou a se desvencilhar, depois passou a beijar minhas pálpebras e puxar minha orelha com os lábios. Passei para uma parte mais seca do lençol. Ele puxou uma mecha solta de cabelo sobre meu rosto, espalhando-a como uma teia, e me beijou através dela. Nossas línguas se encontraram como se através de um véu. Eu disse:

– Humpf.

– Com fome? – ele perguntou, sentando-se e passando as pernas para a lateral da cama e para o chão, que ficava apenas a cerca de trinta centímetros abaixo.

– Um pouco – eu disse, aconchegando-me mais fundo no travesseiro para indicar que não queria me levantar para fazer nada a respeito.

Ivan levantou-se, e olhei para o seu corpo estranho e belo enquanto se dirigia ao chuveiro. Decididamente, longo e pálido demais. Brilhava. Tinha um ar meio El Greco. Ele era muito bonito, concluí, e me aninhei mais no espaço aconchegante que nossos corpos haviam criado. Cochilei.

Despertei com o aroma do café e o chiado dos ovos na frigideira. Ivan havia tomado banho e se vestido, e estava parado em pé ao lado da cama, com um grande sorriso e duas xícaras fumegantes nas mãos. Ele as apoiou e sentou-se ao meu lado, enquanto eu me levantava sonolenta, o lençol caindo dos ombros, o cabelo caindo no rosto. Bebi o líquido quente e doce com avidez. Parte da névoa dos sonhos clareou, e espiei Ivan por cima da borda da xícara. Aquele não era o jovem pirata que eu conhecera no Village na noite anterior. Nem o quadro de El Greco com que eu fizera amor. Um jovem calmo, bastante magro, usando um macacão limpo e uma camisa de trabalho azul, o cabelo molhado, bem penteado. Ivan entendeu meu olhar e meu pensamento e abriu um sorriso. As palavras não faziam parte do nosso jogo. Em seguida, ele fez como se fosse me levantar.

— Vem — disse ele. — Os ovos vão esfriar.

Fiquei de pé e andei nua até o meio da sala, onde me espreguicei e bocejei, com o sol que eu observara a manhã toda batendo nos tornozelos. Fiz uma trança solta e desarrumada para o cabelo não cair no rosto. Algo pingou no dorso do meu pé, mas ignorei. Ivan me jogou uma camisa de brim azul, exatamente como a que ele estava usando, e eu a vesti, enrolando as mangas longas demais, e, com essa indumentária, fui tomar o café da manhã.

Sentamos a uma mesa minúscula na "cozinha de solteiro" em miniatura e devoramos suco de laranja gelado, ovos fritos e muffins ingleses queimados e boiando na manteiga. Ivan colocara os óculos, o que completou a transformação para o jovem trabalhador sóbrio, um tanto sério demais.

— Quando sair, é só bater a porta — disse ele, com a boca cheia. — Ela se tranca sozinha. Fique o quanto quiser, toque discos, use a máquina de escrever, o que for. — Depois acrescentou com uma pequena hesitação: — Te vejo hoje à noite?

Gostei da hesitação. Gostei da confiança, também, com que todo o resto se dera entre nós, mas, sem essa hesitação, ele teria sido só um arrogantezinho. Contive outro sorriso e enchi a boca de ovos.

– Não sei – eu disse. – Depende. Ainda estou morando com meus pais.

– Encontro você – disse ele. – Às nove. No David's. – O David's era um café descolado na MacDougal Street. O único na época, além dos points da máfia.

– Ok – eu disse, ainda jogando com o autocontrole. – Se eu não estiver lá, não me espere.

Ele me fitou demoradamente, com um olhar divertido sob os cílios, meio me instigando, meio ordenando que eu fosse, e, depois de um beijo com gosto de ovo, foi trabalhar.

Capítulo 2

Fevereiro: continuação

EU ESTAVA SOZINHA NO APARTAMENTO, COM AQUELA SENSAÇÃO PECU-liar de luxo que a solidão sempre me proporciona. Peguei uma xícara de café, adocei bem e completei com leite. Um hábito de quando, muitas vezes, só o que eu tinha eram dez centavos, e uma xícara de café seria o café da manhã ou o jantar. Muito leite e muito açúcar fazem com que ela dure mais, em termos de alimento, de energia.

Fui até a estante de livros, escolhi a tradução de García Lorca da New Directions e mergulhei na elegia a Ignacio Sánchez Mejías. A cafeteira elétrica mantinha o café sempre quente. Após algum tempo, peguei mais uma xícara e fui até a cama. Coloquei-a no chão, estiquei os lençóis amarrotados, pus uma cantata de Bach na vitrola e me deitei com meu livro. Minha mente não parava e, depois de algum tempo, pus o livro de lado e me entreguei aos pensamentos.

De modo geral, eu estava bastante satisfeita. Gostava de Ivan, gostava de sua timidez engraçada, que passava por "autocontrole", gostava do corpo longo e magro, do pau grande. Gostava da sensação calorosa, intensa e saciada dentro de mim. Deleitei-me com isso, me aninhei nas roupas de cama macias e, meio cochilando, relembrei cada um dos acontecimentos da noite anterior.

Eu estava sentada no Swing Rendezvous, um bar gay administrado pela máfia, com uma amiga do colegial, Susan O'Reilley. Nós duas tínhamos deixado nossas respectivas faculdades semanas antes e estávamos morando em condições precárias na casa dos pais, procurando emprego e apartamento, e buscando refúgio à noite longe dos pais furiosos, da polícia a que eles haviam recorrido mais de uma vez e do mundo ameaçador como um todo. Esse bar nos parecia "seguro": o leão de chácara gordo e estúpido com sotaque do Bronx; o capanga magrela dos mafiosos, de cabelo grisalho e sobrancelhas pretas e salientes, que ficava sentado nos fundos, vigiando o local; a garçonete lésbica chamada Stevie Martini, tão bela e esbelta, com o cabelo curto e descolorido, em um penteado "rabo de pato"; a garotinha triste de olhos grandes e pretos, chamada Barbara, que trabalhava atrás do balcão e era namorada de Stevie – essas pessoas que haviam passado a parecer quase uma família nas últimas semanas.

O Swing era um refúgio porque era um lugar proibido, um ponto de encontro para foras da lei. Agora, no meio da "liberação gay", a homossexualidade perdeu o estigma social e, com ele, o romantismo extravagante e amargo que lhe conferia tanto charme. (Eu me lembro de um amigo michê no Lenny's Hideaway uma noite, rejeitando um empresário inconveniente, dizendo: "Não estou me sentindo tão exuberante hoje, querido".) A homossexualidade não pode mais ser usada para manter o mundo a distância, desprezar a sociedade à sua volta, sinalizar isolamento e ajudar alguém a se manter à margem. Não se trata mais de um elemento de magia negra: Cocteau, Genet ou Kenneth Anger. Semana passada, vi um exemplar de *O poço da solidão*, clássico secreto da geração de minha mãe, à venda por dez centavos em um sebo da Haight Street.

Estávamos sentadas em uma cabine escura de madeira, estofada de couro vermelho velho, e nossos movimentos eram refletidos no vidro espelhado azul e manchado que cobria as paredes. Conversávamos, bebíamos, de vez em quando levantávamos e dançávamos uma com a outra ou com um dos "fregueses", héteros ou gays, que tínhamos chegado a conhecer, parecia, quase tão bem quanto uma conhecia a outra.

A dança era o fish, antecessor do twist e muito mais livre. Podíamos dançar em duplas, como os antigos dançavam o foxtrote. Nesse caso, você passava uma perna sobre a perna do parceiro, ele passava o joelho pela sua virilha, e você esfregava a xota na coxa dele, sentindo a ereção na sua barriga ou na lateral da pelve, enquanto as mãos ficavam soltas, de modo casual, nas laterais do corpo ou enfiadas nos bolsos de trás da calça jeans, o que fosse melhor para jogar a pelve para a frente. Ou era possível dançar livremente, em duplas, trios, ou até grupos de cinco: nesse caso, você batia o pé e saltava, curvava as costas para trás, abria espacate, dava piruetas e "congelava". Congelar era uma arte. Você jogava a cabeça para trás, braços esticados para os lados e, enquanto se curvava devagar para trás, fazia cada músculo saltar e tremer separadamente. Pouca gente conseguia fazer o freeze. O tempo todo, o ar era casual, e o rosto não revelava emoção alguma. A dança era o fish, e o jogo era o do autocontrole.

Mesmo na cama, pensei, o jogo se chama autocontrole. Aquele lado da cantata terminara. A vitrola estremeceu um pouco e voltou a tocar do início. Trompetes e sopros de madeira. Uma brisa leve agitou a cortina e passou pelo meu corpo nu, deixando a pele arrepiada aqui e ali, enquanto eu seguia pensando, ordenando os momentos que haviam me levado até ali.

Susan e eu estávamos sentadas na cabine, cada uma encolhida em um canto, falando disso e daquilo. Susan observava a pista de dança: uma jovem chamado Claudia, que tinha uma mecha preta no cabelo loiro, rodopiava e se curvava ao som de um rhythm and blues – Dinah Washington reclamando por ter de dormir com o senhorio. Eu observava o arco que separava o bar do salão dos fundos, que tinha mesas, danças e os anjos da guarda da Cosa Nostra. Eu sempre me sentava onde era possível ver a porta. Um hábito. Nós nos sentíamos seguras ali, claro, mas eu estava preparada para qualquer coisa.

Dois rapazes muito bonitos chegaram e pararam na entrada. Um era um pouco mais alto que o outro, tinha olhos escuros, cílios incríveis, maçãs altas e era um tanto esquelético. Usava uma camisa maravilhosa de tecido macio, com uma gola alta aberta no pescoço e mangas muito amplas com punhos largos. Seu amigo parecia mais frágil, mais novo, com olhos azul-claros e um suéter italiano caro de gola canoa. Tínhamos nos encontrado uma vez, dias antes, no café David's. Eu erguera a cabeça e vira o mais alto parado diante da minha mesa, olhando para mim. "Sou o Ivan", ele dissera, "e este é o Robin". "Sou a Diane", eu respondera, "e esta é a Susan". Ficamos sorrindo um para o outro por um tempo, e eles foram embora.

Nessa noite nossos olhares se encontraram brevemente, com apenas um leve tremor de reconhecimento. Então ele se virou e disse algumas palavras ao companheiro. A maneira tranquila como ele se inclinou e a brandura com que o mais novo ergueu o olhar para ele me fizeram supor que fossem amantes. Voltei-me para Susan para perguntar o que ela achava e, quando voltei a olhar para eles, já não estavam mais lá.

Eu passei a mão sobre o brim áspero que cobria o joelho de Susan e sorri para ela. Um gesto de carinho, conforto. Ela apertou minha mão entre as pernas e sorriu também. Sua mão longa e delgada, brincando com as gotas de umidade no copo de cerveja, refletiu a luz fraca. Inocência anglo-saxônica, pensei. É o que ela tem, o que ela é. Grandes olhos redondos e azuis, boca carnuda e macia e um nariz arrebitado. O que fez Santo Agostinho dizer aquela coisa: "Não anglos, mas anjos".

Virei-me na cama, pensando nela, e passei a mão por baixo do travesseiro. Cabelo loiro cortado reto, com franja, caindo em um leve estilo pajem sobre os ombros meio largos e meio magros. Ela parecia fazer parte de um coro metodista – e fizera, até bem pouco tempo atrás. Sua blusa era de algum tecido incrivelmente fino, através do qual era possível ver os bicos delicados dos pequenos seios. A calça jeans tinha cintura alta e envolvia os quadris bem rente, e ela trazia uma faixa vermelha na cintura. Puxei o lençol até os ombros para me proteger do vento e me perguntei onde Susan estaria naquele momento. Como ela estava.

Sobre o que eu e ela conversávamos na noite passada?, perguntei-me. Eu não conseguia me lembrar, embora recordasse a intensidade da conversa e o entusiasmo e a alegria que a presença dela sempre me proporcionavam. Um agito no coração, como o das bolhas de um espumante.

Lembro que um jovem marinheiro sentou-se de repente ao meu lado na cabine. Ele não parava de olhar para Susan. Tinha bebido e estava muito triste. Queria saber se conhecíamos Springfield, Illinois. Nós nunca tínhamos saído de Nova York, exceto nas breves escapadas da faculdade, e Springfield teria sido impensável. Respondemos que não. Ele nos contou que fora apaixonado por Peggy Lee durante todo o colegial. Que chorou ao descobrir que ela se picava – era viciada em heroína, nas palavras dele. E quase chorou novamente, ao nos contar. Cabelo loiro avermelhado e bochechas rosadas, rechonchudas demais. Infantil, bobinho, e estava a caminho da Coreia. Estávamos os três roçando joelhos debaixo da mesa, quando Stevie Martini aproximou-se e chamou Susan para dançar. Ela se levantou de imediato, e fiquei sozinha com o sr. Centro-Oeste.

Ele olhou para Susan com tristeza.

– Ela gosta de meninas – anunciou seriamente, meio para si mesmo. Depois se virou para mim e repetiu: – Ela gosta de meninas. – Eu não disse nada, por não ter nada a dizer.

– Você gosta de meninas? – ele perguntou, tentando olhar fundo nos meus olhos sem cair para a frente.

– Às vezes – respondi.

– Eu gosto de meninas – ele me informou, bêbado, inclinando-se sobre a mesa. Dava para ver que estava pronto para se desiludir novamente, como havia sido desiludido por Peggy Lee. Então, animou-se. – Vamos procurar três meninas. – Levantou-se bruscamente e seguiu na direção do banheiro masculino.

Frankie, vigarista italiano de uns trinta anos, veio fazer uma inspeção rápida.

– Querida – disse ele, com sotaque nova-iorquino carregado –, aquele cara está perturbando você? Devo me livrar dele?

– Está tudo bem, Frankie – eu disse. – Acho que dou conta dele sem problemas.

Frankie retornou ao seu posto de observação de prostitutas. Tinha duas garotas trabalhando para ele, e uma delas estava na pista de dança naquele momento. Olhei para ele, grata como sempre por sua solicitude tosca – meio como ter um irmão mais velho especialmente durão.

Já entre sonhos, lembrei-me da noite em que eu e Susan conhecemos Frankie. Estávamos andando pelo Village, sem muita certeza de onde queríamos estar, nem de como chegar lá, quando ele surgiu à nossa frente, cara de fuinha, cabelo preto e liso e calça afunilada, nos analisando com olhos astutos, vidrados de cocaína. "Não fiquem constrangidas e não tenham medo", ele pronunciara devagar, como se as palavras tivessem um significado profundo, cósmico, como se saíssem de uma espécie de oráculo. "Não fiquem constrangidas e não tenham medo", ele repetira, bloqueando nossa passagem. Quando nos disse para ir com ele, nós o seguimos sem questionar, e ele nos levou ao bar que se tornou nosso lar e refúgio.

Susan havia acabado de se sentar novamente quando o mais novo dos dois rapazes que eu observara à porta – Robin, eu me lembrei – apareceu de repente perto da nossa mesa e se dirigiu a mim.

– Meu amigo quer falar com você. Ele me pediu para te pedir para ir lá fora.

Eu não tinha certeza se gostava ou não do misto de egotismo e timidez que enviara a mensagem – tratava-se de um pedido ou de uma ordem? – para dentro do meu mundo isolado e aconchegante. O rapaz diante de mim estava muito animado. Recordei a beleza austera de seu amigo – os olhos escuros de tártaro, o rosto estreito – e me levantei para sair.

– Até mais – eu disse a Susan. – Você vai ficar bem?

Ela deu um trago no cigarro com a valentia treinada de uma garota de dezessete anos.

– Estou bem – ela disse. – Vai lá.

Eu tinha alguns receios, mas os abafei. Sob o arco, me virei para trás por um momento e vi Robin sentado no meu lugar, falando com Susan, segurando as mãos dela. Abri passagem entre as pessoas no bar, abri a porta e saí para o ar fresco da noite.

Vento, pingos de chuva. E um rapaz que parecia um pirata travesso me esperando na base de uma escada de ferro forjado.

Ele só disse "oi", pegou minha mão e colocou dentro do bolso do seu casaco, junto com a dele, mas o rosto demonstrava alívio e prazer, e fiquei feliz por não ter feito picuinha por uma questão de protocolo. Andamos pelas ruas e pelos becos em silêncio no começo, com a sujeira molhada da cidade cobrindo nossos pés nas sandálias. Paralelepípedos lisos e escorregadios. Becos com plataformas de carga escuras, onde paramos de vez em quando para beijar. Piadas bobas e conversas sem importância, que cintilavam como a chuva. E um caixão de pé, simples, sombrio, na calçada em frente a um prédio, nos estimulando a entrar com ternura e amor. Se estivéssemos precisando de algum estímulo.

Tínhamos subido um único lance de escada, passado pelo corredor limpo e bem pintado e entrado no estranho apartamento amarelo e preto no qual eu estava deitada agora. Um conhaque bom e quente, e Ivan tirou minhas sandálias e limpou a fuligem da cidade dos meus pés e dos dele com uma toalha quente. Tirou minhas roupas de um jeito atrapalhado que me fez confiar nele. Ele estava um pouco mais seguro de si do que eu, enquanto eu abria seu cinto e os botões, descobrindo aquele corpo delgado de pele oliva. Minha própria brancura brilhou à luz da grande vela e das vinte e tantas velas menores espalhadas pela sala.

O conhaque fez com que as luzes girassem ao meu redor. O conhaque e o toque dele nos meus seios. Sua boca na minha enquanto ele soltava meu cabelo, eu me ajoelhando no tapete de palha, o pau dele na minha boca. Minha boca explorou as linhas longas e suaves das suas pernas. A ponta da minha língua fazia cócegas no saco dele, meus cabelos caíram sobre os pés dele quando mordisquei e acariciei seus tornozelos. Ele se deitou no tapete de palha comigo. De algum modo, chegamos à cama. O mundo era um carrossel, um parque de diversões cheio de luzes girantes e sons amorosos. Eu me esquecera da fala humana, ela estava presa na minha garganta. Eu me esquecera do nome do homem cuja mão estava na minha buceta. Puxei a mão.

— Tire o anel — eu disse com a voz rouca. Minha voz veio de Saturno e entrou flutuando no quarto.

Ele estava em cima de mim agora, sacudindo e tensionando o corpo como um animal. Um fauno. Mas era demais. Minha buceta pequena e apertada não continha seu pau enorme. Sua insistência, exigente, me desconcertou. Eu lutei contra. Ele enfiou o rosto nos meus cabelos.

— Fique parada — ele disse no meu ouvido. — Fique parada e ouça a chuva.

Eu amoleci, flutuando em uma névoa cinza e branda. A sala se dissolveu. As velas haviam se apagado? Eu não via nada. Suas lindas mãos longas sob a minha bunda me puxaram para mais perto. Eu o envolvi com as coxas, prendendo os tornozelos nas suas costas. Eu sabia que estava me afogando, pude sentir o gosto do mar. Ouvi minha própria voz gritando enquanto ele perfurava a membrana que protegia minha virgindade, mas não tinha consciência de ter falado. A névoa cinza explodiu em luz e cores ao meu redor. Ouvi meu próprio gemido, ouvi Ivan arfar. Repetidas vezes ele sussurrou meu nome, e então não restava nada além de um prazer que eu nunca imaginara me atravessando em ondas e mais ondas.

Depois havia sangue no pau dele e, quando consegui me mover novamente, eu o lambi, engolindo minha infância e entrando para o mundo dos vivos.

Capítulo 3

Fevereiro: conclusão

O SILÊNCIO REPENTINO ME DESPERTOU. ALGUÉM DESLIGARA A vitrola, e a cantata de Bach que vinha ressoando entre meus devaneios foi bruscamente interrompida. Alguém desligara a vitrola. Levantei-me parcialmente, apoiada em um cotovelo, e olhei para ver quem estava na sala.

O dia ficara nublado e, como o apartamento não recebia iluminação, estava bastante escuro. Alguém fazia barulho na cozinha.

– Olá – eu disse, sondando.

– Olá – disse Robin, aparecendo na sala. A luz estava acesa na cozinha, marcando sua silhueta no vão da porta. Ele parecia maior do que eu me lembrava, mas isso pode ter sido porque a cama era baixa, e eu o via de baixo para cima.

– Ah, é você! – eu disse. – Como está Susan? Ela está aqui?

– Não – ele disse –, eu a deixei em casa há pouco. Ela disse que ia ligar para você. Achou que já estaria em casa agora.

– Não – eu disse. – Voltei a dormir.

Então me veio aquele impulso típico de adolescente de pegar o telefone e falar sobre tudo, e pensei em me levantar e fazer exatamente isso. Foi quando Robin sentou-se ao meu lado no colchão.

– Você é bonita – ele disse. – Seu cabelo. – Ele se deitou ao meu lado, totalmente vestido, e afundou o rosto em meu cabelo. Fiquei indecisa, meio desperta agora, querendo me levantar e começar o dia, mas, ainda assim... Ele parecia mesmo muito bonito e jovem, me fitando do outro lado do travesseiro com um vago olhar azul-bebê.

– Seu cabelo é bonito – ele disse, juntando-o na mão e afastando-o do meu rosto –, mas, quando ele some, olho do outro lado do travesseiro e vejo um belo rapaz.

Uma viagem. Meu antigo desejo de ser um pirata, alto, esbelto e forte, e não uma menina. Ele viu um belo rapaz, e eu fiquei parada para ouvir.

Mas ele não tinha nada mais a dizer. Em vez disso, aproximou-se e me beijou. Não era nem um pouco como o beijo de Ivan – era mais vago e, de algum modo, mais triste.

– Ei – eu disse suavemente –, ei. – Toquei a lateral do rosto dele com a mão. Deslizei a mão para baixo do pescoço e o puxei para mais perto de mim. Eu o beijei de novo, um beijo mais longo e mais intenso, mostrando a ele um modo de beijar, entre uma centena de modos de que ele se esquecera, ou nunca soubera.

A mão dele passou para baixo do lençol e examinou meus peitos com timidez. Depois se afastou e passou pelas minhas costelas, descendo pelas costas. Brincou um pouco com a minha bunda, gostando muito dela. Da maciez. Traçou curvas do quadril ao umbigo, depois voltou, tocando suavemente as pregas escuras no meio das minhas nádegas. Ele tirou a mão, grudenta da porra meio seca que descera para lá após o amor da manhã. Puxou o lençol para trás e deixou marcas úmidas nos meus quadris. A umidade de Ivan, pude sentir seu pensamento. Eu não disse nada, mas tinha milhares de perguntas na cabeça.

Robin baixou a cabeça sobre meu corpo descoberto e colocou um dos meus seios na boca. Sem pressa. Experimentando. Enrolei meus dedos em seu cabelo, pressionando-o contra mim, meio com prazer, meio em uma vaga tentativa de consolá-lo por algo que eu não sabia o que era.

Enquanto o segurava assim, pensei nas muitas cenas estranhas e meio inacabadas em que eu me encontrara durante os últimos dois anos, desde que me permitira pela primeira vez ser seduzida no caminho de casa após uma aula de dança moderna. Muitos foram os experimentos em que me envolvi e que interrompi de forma abrupta, muitas cenas de amor que eu presenciara ou auxiliara, mas eu sempre era dissuadida pelo ar blasé e profissional dos meus parceiros, e eu não estivera disposta a "ir até o fim" até a noite passada, quando a beleza e a falta de jeito de Ivan me ganharam completamente. Toda a miscelânea de habilidades sexuais que eu havia acumulado aos dezessete anos e que na noite anterior havia escapado do meu domínio em uma explosão pela intensidade do nosso encontro voltava agora, exigindo ser experimentada e testada. Esse garoto, mais assustado e sedento do que eu jamais estivera, clamava por ela.

Era estranho sentir suas roupas em mim, botões apertando minha barriga e virilha. Eu desejava despi-lo, ver seu tronco branco, quase sem pelos, mas não sabia o que ele queria, o tanto ou o pouco, e acabei hesitando por medo de assustá-lo. Aquela era, refleti um pouco sonolenta, a chance dele. Meus dedos acariciaram sua nuca e abaixo do colarinho. Ele tirou os lábios do meu mamilo e, segurando meus peitos, enfiou a cabeça entre eles, descendo lentamente pelo meu torso.

Senti o zíper da calça dele arranhar minha coxa, com o pau duro por baixo. Ele começou a lamber minha barriga, os pelos da xoxota, duros com o meu gozo e o de Ivan, determinado, ávido, provando e devorando, parando para fungar e sentir o cheiro nas minhas coxas. Abriu ligeiramente minhas nádegas e lambeu a porra que estava presa nos pelos, puxando todos os meus pelos com os lábios até ficarem macios de novo e enrolados. Depois começou a lamber a glande do meu clitóris, primeiro tirando dela também os fluidos secos do amor anterior e, finalmente, dando atenção somente a ela, envolvido, por fim, no que estava fazendo.

Sua hesitação inesperada e minha sonolência quebraram as defesas que eu não sabia ainda ter, e, enquanto ele passava a língua no meu botão rosa, eu me remexi e gemi acima dele, jogando as mãos para cima da cabeça e apertando a ponta do colchão, enquanto meu corpo se arqueava e estremecia.

Por fim, ele se moveu um pouco e levou a boca aos lábios da minha buceta, separando-os delicadamente com a língua e chupando longa e profundamente os líquidos acumulados dentro de mim. A porra de Ivan, mais uma vez o senti pensar. Pude sentir nas mãos dele a excitação crescer enquanto, todo inconsciente, arranhava as laterais do meu corpo, deixando as marcas de unhas nos meus flancos. Sua língua trouxe um calor e um conforto curioso na pele levemente dolorida da buceta quando ele acariciou primeiro uma parede e depois a outra. Meu tesão, que diminuíra levemente quando ele tirou a língua do clitóris, começou a aumentar de novo e, quando sua língua tensionada passava cada vez mais fundo para dentro da minha abertura, comecei a me sacudir e pular, apertando sua cabeça com força entre minhas coxas enquanto deixava fluir para a sua boca os líquidos do meu prazer novamente despertado.

Fiquei imóvel por algum tempo, esperando passar o tremor suave na minha pele, sentindo as ondas de calafrio que deixaram minha pele arrepiada e meus mamilos duros e altos, a doçura sutil e agradável na virilha, enquanto meus dedos brincavam com os cabelos castanhos e macios de Robin. Essa experiência tinha uma qualidade completamente diferente de qualquer coisa que eu sentira com Ivan – desta vez eu permanecera totalmente consciente, e o gozo fora suave e prolongado. Eu me perguntei de modo abstrato se aquilo se qualificaria mesmo como um orgasmo, tendo sido treinada por Wilhelm Reich a pensar em termos dos gráficos de seus livros ilegais, com seus picos claros e bem definidos. Eu ainda não estava bem familiarizada com as infinitas gradações e sutilezas do prazer. Desisti e me recolhi à sonolência nebulosa e à música vaga em minha cabeça.

Por fim, Robin ergueu a cabeça e olhou para mim, cheio da luz que eu havia desejado acender nele.

– Você é um véu – ele disse – através do qual fazemos amor um com o outro.

Não perguntei como nem com quem, eu já havia percebido seu amor por Ivan; quando o puxei na minha direção com alguma urgência, perguntei-me apenas se não era concretizado. Se estavam transando ou não. Tantas perguntas!

Não perguntei – o jogo era manter o autocontrole, lembre-se –, mas fiz um gesto como se fosse puxá-lo delicadamente para mim, até seus olhos ficarem na altura dos meus. Ficamos deitados por muito tempo, sem dizer nada, olhando um para o outro sobre o travesseiro, meu braço sob seu pescoço, minha mão acariciando seu ombro por cima do tecido da camisa. Após algum tempo, diante de um leve sinal, talvez uma mudança imperceptível na sua respiração, notei que o desejo dele estava aumentando. Minha mão livre encontrou sua braguilha e, olhando-o nos olhos com carinho, soltei o pau duro – menor que o de Ivan, mas, ainda assim, o membro forte e desenvolvido de um homem. Desmentia-lhe o ar angelical e infantil do rosto e do porte. Passei a mão pela abertura da cueca e apalpei suas bolas cheias, afagando e alisando a pele enrugada com delicadeza e depois passando os dedos por toda a extensão do cacete com o toque mais leve possível, acalmando-o como faria com uma criatura selvagem que eu quisesse amansar. Mais e mais vezes, passei a mão pelo comprimento do pau dele, que ficava mais longo e começava a dar trancos.

Robin gemeu. Os olhos estavam fechados, e a cabeça para trás deixava à mostra o belo pescoço longo e a leve protuberância do pomo de adão. Eu havia gozado, estava totalmente satisfeita e, portanto, totalmente no controle da situação. Movi a cabeça com cuidado sobre o travesseiro e afundei os dentes naquele pescoço branco, logo acima da clavícula, chupando e lambendo o local escolhido. Ok, pensei, eu sou o vampiro, e você é a minha vítima, e vou beber seu sangue até você ficar pálido e imóvel. O prazer se agitava em mim novamente, enquanto eu brincava com essa fantasia, e minha mão continuava a acariciar seu saco. Seu gemido virou um suspiro de angústia e prazer e, de modo tão súbito quanto eu havia começado, retirei a boca do pescoço dele e a mão do pau. Eu havia decidido despi-lo.

Um som meio de assobio, meio de lamúria, escapou entre seus dentes.

– Por favor, não pare agora – ele implorou e puxou minha mão de volta para os seus órgãos genitais. Mas tirei a mão e continuei a abrir e a mexer na camisa até abri-la, expondo o peito branco, quase sem pelos – claro, mais claro que eu, mas sem a magia profana da pele pálida de Ivan. Cravei os dentes em seu peito direito, logo acima do mamilo, e deixei um pequeno semicírculo de marcas roxas de dentes ali, enquanto abria o cinto e puxava a calça.

Ele ergueu os quadris passivamente, e eu puxei a calça e a deixei na altura das coxas para voltar a acariciar e masturbar o seu pau, finalmente fechando os dedos ao redor dele e movendo a mão cada vez mais rápido, enquanto o corpo dele dava solavancos e estremecia. Meu outro braço havia passado para baixo da sua cintura e, quando o senti perto de um clímax, deslizei o dedo médio para dentro do cu seco e apertado. Com um grito infantil, delicado e perplexo, em um misto de aflição e prazer, ele gozou. Vi jorro após jorro da porra quente e prateada cair na minha barriga e formar uma teia sobre meus pelos pubianos.

Ele levou algum tempo até parar de arfar e tremer, e nós dois flutuamos por instantes em uma névoa de satisfação e paz que era muito parecida com um cochilo à luz do entardecer.

Fui a primeira a se recuperar. Ergui-me sobre um cotovelo e olhei para ele por muito tempo, flertando com a ideia de me levantar, tomar mais café, pensando em como estaria o mundo lá fora, frio ou não. O rapaz ali deitado, olhos serenamente fechados, as roupas amarrotadas ainda presas ao corpo, e ocultando grande parte dele. De repente, a agressividade que eu sentira quando meti o dedo em seu cu e senti sua porra quente na minha virilha surgiu mais uma vez. Eu queria fazer seu corpo tremer sob as minhas mãos, tocá-lo como a um instrumento. Percebi de maneira aguda o absurdo de seu estado meio vestido, o que me excitou ainda mais.

Deslizei para baixo na cama e comecei a desamarrar seus cadarços, tirando seus sapatos de modo a caírem suavemente no chão. Pus os dedos sob as meias e brinquei com a parte de trás dos calcanhares – macios e maravilhosamente finos. Puxei as meias de seda pretas e segurei o pé de uma brancura extraordinária nas mãos, sentindo a pele lisa do dorso, massageando de leve com dedos firmes para depois me inclinar e passar a língua pela reentrância do arco. Robin não estava totalmente desperto e, quando comecei a puxar sua calça, ele não protestou, mas me ajudou, erguendo-se um pouco da cama. Os pelos da perna eram finos, e as panturrilhas, flexíveis e alongadas como as de um dançarino. Acompanhei as linhas, passando os dedos pelos côncavos, levantando os pelos macios como os pelos de um animal e depois os alisando novamente. Eu estava pensativa, impessoal, como se fizesse amor no abstrato.

O dia e a noite passados eram um borrão formado por uma única e longa experiência carnal. Eu sentia como se tivessem durado uma eternidade. Eu estava exausta, distante, zonza, mas ainda infinitamente curiosa.

Larguei a calça no chão ao lado dos sapatos e das meias e voltei a atenção para o ato de tirar a camisa. Robin se ergueu um pouco e a puxou ele mesmo, virando-se na cama, em um gesto meio tímido, meio reticente, ficando com o rosto para baixo, a cabeça enterrada no travesseiro. Ajoelhei-me no colchão, sentando-me sobre os calcanhares, e comecei a passar a ponta dos dedos na pele macia das costas e da bunda, vendo os arrepios sob o meu toque enquanto ele permanecia imóvel.

Passei os dedos em cada centímetro das costas, laterais e flancos com um toque tão leve quanto o de asas de borboleta, lento, atento. Fui deixando meu toque mais áspero aos poucos, até raspar a superfície pálida do seu corpo com as unhas, estimulando e irritando cada centímetro da sua pele. Robin começou a se agitar de prazer, erguendo-se sob as minhas mãos, ronronando como um gato. Brinquei por um bom tempo com a sua nuca, alternando toques suaves e arranhões. Finalmente, minha boca entrou no jogo, deixando uma série de marcas na nuca e na espinha, depois lambendo as costas todas. Uma trilha de umidade, como o rastro de um caracol, crescia e dava uma volta em sua pele, já marcada com os longos caminhos paralelos e vermelhos das minhas unhas.

Passei os lábios de leve por seus quadris sem pelos, colocando a lateral da minha mão na fenda escura entre as nádegas dele, enquanto minha boca seguia descendo pela parte de trás das coxas e parava por um tempo atrás dos joelhos e uma ternura um pouco pesarosa tomava conta de mim. Ele ergueu a bunda contra minha mão, de modo que ela penetrou ainda mais na fenda escura e peluda, e, quando percebi onde estava o foco do seu prazer, voltei minha atenção totalmente para lá, separando as nádegas até encontrar o cu pequeno e redondo.

Está bem, pensei, com certeza não sou o Ivan, mas lhe darei todo o prazer que puder. Superando uma repulsa momentânea, pus a boca sobre ele, lambendo e alargando a abertura, enquanto Robin tremia da cabeça aos pés, agarrando-se ao colchão. Ergui a cabeça, passei um joelho por cima dele, ficando sentada sobre as coxas e, prendendo-as com força entre os joelhos, enfiei um, depois dois dedos no buraco escuro, agora escorregadio com a minha saliva. Robin gemeu e, quando o segundo dedo entrou nele, gritou de dor, agitando-se para os lados e jogando a bunda para cima e para baixo loucamente. Baixei a cabeça até a lombar e mordi até tirar sangue, provando o líquido salgado repetidas vezes, enquanto minha mão direita entrava e saía do ânus, e minha mão esquerda deixava vergões nos seus ombros. Finalmente, retirei-me, ajoelhada sobre ele com as costas retas, absorvendo os gemidos e tremores convulsivos que eu causara, só agora consciente do turbilhão de emoções dentro de mim mesma: desejo, despertado pelo poder que eu exercia, e angústia e frustração por não poder completar o ato do qual eu fazia apenas uma aproximação, por eu não ser o homem – pirata ou ladrão de joias – que eu fingira ser tantas vezes em devaneios adolescentes. De repente, senti raiva de Robin por desejar Ivan, por não sentir nenhum prazer no meu corpo por si só.

Segurei os ombros dele e o virei. Ele resistiu por um momento, mas cravei as unhas, e ele, amolecido pelo prazer e pela dor incompletos, me obedeceu. Seu membro estava enorme e surgiu ereto assim que foi solto de onde estava preso. Ainda ajoelhada sobre ele, enfiei meus dedos dentro da minha buceta molhada, separando os lábios e baixando meu buraco sobre a cabeça escura e inchada do cacete. Menor que o de Ivan, encaixou-se confortavelmente na minha buceta um pouco dolorida e ainda apertada. Permaneci assim, sem me mover por um instante, apreciando o prazer desse preenchimento confortável, depois comecei a brincar com o saco dele, para então encontrar novamente seu cu atacado e dolorido. Comecei a descer e subir devagar, montando nele, enquanto Robin virava a cabeça de um lado para o outro, com dor e prazer, tentando enterrar o rosto mais uma vez no travesseiro. Meu dedo, agora úmido com meu próprio líquido, estava mais uma vez no fundo do seu ânus, descrevendo pequenos círculos, e pude sentir um aumento agudo do seu prazer quando, por um momento, minha unha roçou sua pele sensível sem querer.

Finalmente, meu cansaço e minha saciedade foram superados, e fiquei totalmente excitada com a angústia impotente e o êxtase do garoto embaixo de mim. Meus movimentos se tornaram incontroláveis, sacudindo todo o meu tronco, e sons animalescos e absurdos explodiram dos meus lábios à medida que eu passava a outra mão no rosto retorcido dele. Por um breve momento, senti que estava absorvendo todo o ser dele pela buceta, enquanto ele jorrava seu fluido vital para dentro de mim, e caí para a frente, o rosto para baixo, no peito dele.

Capítulo 4

Abril

A LUZ DO SOL FILTRADA PELAS FOLHAS LÁ DE FORA ENTRAVA PELA abertura da porta e caía sobre o peito do meu pé. Curvei os dedos dentro da velha sapatilha de balé preta e me movi de maneira (para mim) imperceptível.

— Não se mexa — disse Tomi. Ela franziu a testa, vasculhando uma caixinha verde de madeira ao seu lado, e pegou um lápis de carvão.

— Está bem — eu disse —, só mais alguns minutos. Estou ficando dolorida.

Estávamos em um celeiro bonito e enorme que fora transformado em estúdio, na orla de uma floresta, perto de Darien, Connecticut. Se eu levantasse a cabeça só um pouco, poderia ver as vigas expostas do teto com a claraboia de vidro fosco posicionada para receber a luz do norte. As paredes tinham "acabamento" de placa de gesso pregada sobre a madeira velha e pintada de um branco ofuscante. Atrás de mim, havia uma enorme janela panorâmica cortada na parede do velho celeiro, com uma cortina de juta agora disposta de modo a dispersar a luz e formar o fundo do desenho em progresso. O piso era de estilo antigo, com placas largas de pinheiro, colocado recentemente e muito bonito. Esfreguei uma tábua com o dedo do pé, com admiração, inclinando a cabeça de leve para ver o desenho da madeira.

– Ok, Di Prima, Ok, só um minuto – disse Tomi com uma risada que era, em parte, divertimento, em parte, irritação.

Eu me recompus, fiquei imóvel e me entreguei à análise da garota diante de mim.

Ela era pequena, menor ainda que eu, de cabelos curtos e escuros e, apesar dos dezoito anos, tinha um rosto intenso e intensamente gasto. As mãos, enquanto desenhava, eram muito bonitas: pequenas, fortes, nervosas, traçando uma linha rápida após a outra sobre o papel áspero. O cabelo curto era enrolado. Um cacho caiu sobre o rosto enquanto ela desenhava e, conforme eu observava, sua boca grande e flexível formava aquelas expressões de autocrítica e concentração que eu passara a conhecer tão bem.

Uma aura pairava em torno dela, a aura de todas as coisas que havíamos feito e experimentado juntas: as longas tardes sonolentas de inverno na faculdade em que nós duas deitávamos juntas em meu pequeno quarto, ouvindo o *Réquiem* de Brahms, enquanto o cheiro acre de folhas queimadas entrava pela janela, e nós alternávamos flertes e cochilos, até que uma das duas, despertada pelo desejo, caía sobre a outra com a boca sedenta e guiava uma mão disposta direto para a própria buceta.

Ou das tardes, não menos frequentes, em que cinco ou seis garotas se juntavam em um quarto. Uma era escolhida e despida de forma ritualística, e as outras, designadas a diferentes partes de sua anatomia, buscavam excitá-la enquanto ela permanecia nua na cama. Aqueles dias longos que passávamos estudando, embora a matéria que estudávamos não estivesse no currículo oficial: Tomi brincando, por exemplo, com os pés e os tornozelos de Kate, enquanto eu mordiscava seus peitos pequenos, e Lee, que nós duas amávamos, lambia sua barriga e, finalmente, a buceta – aqueles dias formavam agora um odor e um sabor à nossa volta, deixando o ar pesado e carregado em qualquer recinto em que nós duas estivéssemos juntas.

Era possível sentir a eletricidade fluindo pelos meus membros e para dentro da região pubiana enquanto eu pensava naquelas coisas, e sentir o desejo ardente e uma leve umidade na buceta. Tomi percebeu o que eu estava sentindo, ou então minha expressão mudou, porque ela baixou o lápis de carvão, colocou a prancheta de lado e veio até mim. Nossas bocas se encontraram, passei os dedos por seus cabelos curtos e escuros e indiquei que ia me deitar com ela no chão de tábuas largas do estúdio. Mas ela resistiu, balançando a cabeça.

– Martha vai nos ver. – Martha era sua mãe.

– Foda-se Martha! – eu disse, não pela primeira vez. – Vamos fechar a porta do celeiro.

– Aí ela vai saber, com certeza.

Tomi começou a se desvencilhar, mas eu ainda a segurava pela cintura e a puxei para onde eu estava sentada, passando a mão por baixo de sua blusa branca de corte masculino e apalpando a pele sensível e flexível de sua lombar. Agora meu rosto estava enterrado em seu pescoço e, enquanto eu segurava sua cintura com uma das mãos, tentava abrir sua calça cinza de flanela com a outra.

— Caramba, Di Prima, não!

Havia medo real em sua voz, e eu a soltei, meio trêmula com seu cheiro — *Russian Leather*, de Chanel, sua colônia de costume —, que iria me perseguir pelo resto da vida.

Tomi parou a quinze centímetros de mim, enfiando a blusa de volta na calça, ajeitando o plastrão com as mãos trêmulas, tudo sem me encarar com seus grandes olhos verdes. Por fim, me deu as costas, sacou um pente e pôs as madeixas de menino no lugar. Em seguida, de modo muito lento e meticuloso, arrumou os lápis na caixa e a fechou. Pegou uma lata de fixador, passou no desenho e colocou-o em um cavalete para secar, enquanto eu a observava, meio brava, meio entretida.

Quando finalmente ela se voltou para mim, o rubor nas bochechas havia passado, deixando-a muito pálida e muito séria. Ela estendeu a mão com um sorriso que me implorava para não ficar brava:

— Vem, Di Prima, vamos dar um passeio na floresta.

A floresta começava a apenas alguns metros depois do celeiro e, uma vez dentro dela e fora do sol, era úmida, com a friagem úmida do início da primavera. O solo estava macio, o musgo verde no tronco das árvores brilhava como joias. Segui com cuidado com minhas velhas sapatilhas de balé, tentando evitar as pedras muito pontudas e os locais encharcados. Eu usava uma calça jeans sobre um collant preto, amarrada com uma faixa azul-marinho. Meu cabelo estava solto e ficava prendendo nos galhos, e meus pés sem meias estavam gelados.

Vadeamos um riacho. Ou melhor, Tomi passou pelas áreas mais rasas com facilidade com seus mocassins. Eu, sendo uma garota da cidade, nem tentei: tirei as sapatilhas encharcadas e pisei direto nas águas rápidas e geladas. O riacho era bem raso e não muito largo, mas, quando saí, meus pés e tornozelos estavam brancos feito papel, dois dedos estavam dormentes, e as barras da calça estavam empapadas. A outra margem do riacho era um pouco inclinada, e nós subimos, deslizando e escorregando, rindo e jogando folhas e cascas de tronco uma na outra.

Enfim, o solo ficou cada vez mais seco, plano, e chegamos a uma clareira cheia de luz, onde havia algumas pedras enormes aquecendo-se e tomando banho de sol. Subi em uma pedra e me deitei de costas no sol, um braço sobre os olhos para protegê-los e meus sapatos molhados e enlameados ao lado para secar. Eu podia sentir o calor da pedra entrar em meu corpo, podia ouvir o avanço precipitado do riacho cheio de neve derretida, os rumores suaves e hesitantes, e eventuais cantos das criaturas silvestres na escuridão criada por mim.

Tomi veio e se deitou perpendicularmente a mim, colocando a cabeça na minha barriga. Cada músculo do meu corpo se eletrizou e tensionou, mas não me movi. Pude sentir minha carne alternar entre quente e frio onde o hálito dela, filtrado por meu collant de náilon, tocava a minha pele.

Ficamos deitadas por um longo tempo sem falar e então – com os lábios roçando de leve minha barriga – ela virou a cabeça e ficou de frente para os meus pés. Passou seu braço delgado com pequenos músculos ao longo da minha perna, tocando meu tornozelo com a ponta dos dedos.

– Ainda está molhada do riacho – ela murmurou. Puxou minha calça mais para cima, deslizou para baixo e começou a sugar as gotículas de água que estavam nos meus tornozelos. Por fim, eu me mexi, tirei o braço de cima dos olhos e, erguendo a cabeça de leve, olhei para a pequena criatura misteriosa que era capaz de despertar tamanha inquietude e tamanho desejo em mim.

– Ainda molhada e enlameada – respondi.

Ela ficou de joelhos e se sentou nos calcanhares, olhando para mim com uma angústia faminta, dentro da qual me espreitava divertida, lasciva, obscena.

– Vou dar um jeito nisso já – murmurou e, erguendo as mãos para sua blusa, começou a desabotoá-la do modo mais rápido e prosaico possível.

Tirou a blusa, dobrou e colocou ao seu lado na pedra, enquanto eu apreciava a textura aveludada e familiar da sua pele: a cor delicada, quase branca, marfim, sobre a qual a brancura pura do sutiã se destacava de maneira incisiva. Um rápido movimento de mãos atrás das costas, e ela o havia tirado, e eu examinava seus mamilos marrons avermelhados e o peso dos seios jovens, ligeiramente flácidos, apesar de ela ter apenas dezoito anos.

Ela ainda estava de joelhos ao meu lado, mas, em um único movimento, levantou-se e começou a abrir a calça. Tirou-a, junto com a calcinha, com a facilidade e o desembaraço que teria ao se despir sozinha em seu quarto. Separou a calça e a calcinha, dobrou a calça e a deixou arrumada, com a calcinha de algodão em cima. Tirou os mocassins e, de costas para mim, curvou-se para tirar as meias pesadas de lã, de modo que, por um breve instante, eu não via nada além da cavidade escura da sua bunda e da fenda vermelha no fundo, onde uma pequena gota de umidade cremosa já se acumulava.

Depois ela se ergueu e, com as mãos em punho, estendeu-as acima da cabeça, jogando a cabeça para trás, em direção ao sol, e ficou na ponta dos pés para esticar o tronco todo em um movimento quase ritualístico. O espaço côncavo na lombar encontrou a linha côncava sob a caixa torácica quando a barriga se estendeu e se flexionou em um prazer narcisista sob o calor do sol.

Examinei sua estrutura pequena – os quadris largos e os peitos pesados, tão exuberantes apesar da magreza, o tom quente da pele –, buscando encontrar a combinação de elementos, cor e traço que me ligava a ela, que o fizera durante os dois anos que a conhecia.

Ela olhou para mim, deitada na pedra em uma confusão de cabelos vermelhos, não mais mal-humorada, mas distante e cautelosa.

— Ainda molhada e enlameada — ela disse em tom de zombaria e, em seguida, ajoelhando-se mais uma vez aos meus pés, começou a secar meus tornozelos delicadamente, meio provocativa, com a calcinha branca de algodão. Ela os secou devagar, alternando o esquerdo e o direito, primeiro os tornozelos, depois o peito e o arco de cada pé. Depois começou a limpar a lama das solas e a limpar e secar os dedos, um de cada vez, tirando a lama entre eles com a calcinha e, finalmente, curvando-se e colocando-os na boca.

Eu me submeti ao seu auxílio, sentindo seu toque na pele macia dos meus pés, não me movendo enquanto onda após onda de desejo passava por mim. Por fim, não pude me conter mais e me sentei, puxando-a para mim, absorvendo profundamente seus odores: a colônia e o cabelo, suor e desejo, tudo misturado em uma fragrância que era Tomi, enquanto eu beijava sua boca macia e aquiescente repetidas vezes.

Suas mãos pequenas deslizaram pelas minhas costas e debaixo do meu cabelo, abriram o zíper do meu collant e meu sutiã, de modo que ela pôde, em um único movimento, puxar os dois para baixo, passando-os pelos ombros. Ainda segurando minha boca com a sua, ela me fez ficar de pé, abriu minha calça jeans e, com minha ajuda ávida, tirou todas as minhas roupas, formando um monte emaranhado. Eu saí delas sem interromper o beijo.

Ficamos juntas em nossa pedra ao sol, e eu estremeci quando a brisa úmida e fria do começo da primavera saiu do bosque e nos encontrou. Minha cabeça se curvou para a dela, nossos corpos mal se tocavam, ergui a mão e comecei a fazer um leve carinho em seu seio, enquanto a outra mão ia parar entre as suas coxas. Ela conseguiu separá-las um pouco, e eu esfreguei levemente seu clitóris, sentindo-o sobressair-se e endurecer ligeiramente ao meu toque, antes que eu deslizasse os dedos para dentro daquela buceta quente e úmida que eu conhecia tão bem.

Ela afundou seu peso delicadamente sobre a minha mão de modo a me fazer penetrá-la ainda mais, e eu brinquei com as paredes da sua abertura, explorando aqui e ali, firme, ávida, enquanto minha outra mão passava do seio para os ombros, meio apoiando-a, meio abraçando-a. Seus braços estavam em volta de mim. Suas mãos enganchadas nos meus ombros ajudaram a erguê-la. Em seguida, minha mão enterrada e trêmula encontrou o colo do útero, e ela mordeu meu lábio inferior com um gemido, sacudindo a pelve loucamente.

Com um único grito agudo, ela liberou uma enxurrada de porra sobre a minha mão e desmoronou sobre mim. Eu quase perdi o equilíbrio sob o seu peso, mas consegui ficar firme enquanto ela se apoiava em mim, enfiando o rosto corado no meu colo, seios e barriga totalmente esmagados contra mim. Como fazia com tanta frequência quando atingia um clímax, ela chorava suavemente para si.

Retirei minha mão com um movimento suave, e ela, com o choro um pouco fraco, ficou de joelhos na minha frente e ergueu a boca para a minha buceta.

Fiquei de pé acima dela, abaixando ligeiramente para permitir um acesso mais fácil à minha buceta latejante, sôfrega. Sua língua se agitava sem cessar, de um modo enlouquecedor, pelo meu clitóris; seus braços passavam pelas minhas coxas, e as mãos apertavam minha bunda convulsivamente. Minha excitação quase passava o ponto de ser prazerosa, o sol avançava no céu, eu senti que não conseguia aguentar mais. Eu me curvei o máximo que pude, agarrando seu cabelo curto e preto com as duas mãos, enquanto minha cabeça pendia, e eu sussurrava seu nome.

Finalmente, sua língua entrou na minha buceta, com movimentos rápidos, porém firmes, para dentro e para fora. Pude sentir seus dentes pressionando meu osso pélvico à medida que ela se esforçava para penetrar mais fundo. As paredes da minha vagina tremiam, vibrando como um instrumento afinado com precisão a cada afago, a cada nuance. Por fim, tudo escureceu completamente, um fogo familiar correu da barriga à virilha e, com tremores longos e violentos, gozei em sua boca.

Não sei como me abaixei, mas me vi deitada ao seu lado. Sua cabeça ainda estava na altura do meu púbis, e uma pequena marca roxa começava a surgir no meu quadril, onde meu osso batera em uma pedra. Estava frio e, enquanto acariciava a cabeça e os ombros dela, eu pensava em como pegar minhas roupas sem perturbar a garota que apoiava a cabeça na minha coxa.

Ela se moveu primeiro, apalpando os bolsos da calça para encontrar um cigarro, acendendo-o com dedos nervosos, manchados de nicotina. O sol estava baixo e, agora que o feitiço fora quebrado, aquecer-se era o único imperativo. Eu me sentei e tentei alcançar minhas roupas, praguejando e resmungando ao pôr os pés nas sapatilhas úmidas e geladas. Tomi pronunciou-se uma vez, esperançosa, para sugerir o lago, mas eu a interrompi, dizendo que estava frio demais, e estava.

Voltamos pela mata, amarrotadas e tranquilas, e, quando chegamos ao celeiro, a noite caía e surgiam as primeiras estrelas.

Fechamos o estúdio em silêncio, parando apenas para um beijo breve. Tomi pegou o esboço que fizera naquela tarde – para mostrar a Martha – e atravessamos o campo até uma pequena casa de fazenda cujas janelas lançavam blocos de luz intensa pela noite. As cortinas não estavam fechadas e, antes mesmo de entrarmos na casa, foi possível ver que Serge, o pai de Tomi, preparava bebidas, que Martha tricotava algo preto diante da lareira, e William, seu irmão, voltara a trabalhar em seu aparelho de som de alta-fidelidade.

Entramos, murmurando desculpas, e fomos rapidamente para o quarto de Tomi, para nos limparmos e vestirmos – ficarmos um pouco mais apresentáveis para a noite –, parando com frequência para tocar e acariciar, rir e sussurrar juntas.

Capítulo 5

Abril: continuação

Eu conheci Tomi quando fui à faculdade pela primeira vez, cerca de um ano e meio antes. Após a liberdade alegre e um tanto surreal da escola secundária em Manhattan, a faculdade foi, de modo geral, uma decepção absoluta: um lugar de estereótipos masculinos e femininos de suéter de caxemira e de festas ruidosas e desagradáveis, regadas a cerveja. Lugar de um corpo docente infeliz com olhares de soslaio para virgens lascivas de Little Rock. Um lugar de partidas de bridge intermináveis, de festas superficiais, de um tédio que se espalhava feito praga por um campus muito bonito e por cada canto e fenda dos prédios cobertos de marfim. Um bom lugar para um assassinato, certamente, em que, em vez disso, ocorria uma média de três suicídios por semestre.

Houve, no entanto, salvação na forma de algumas personalidades interessantes – todas mulheres, por acaso –, referências capazes de evitar que uma pessoa se lançasse no abismo de tédio e desespero que se abria como uma das visões panorâmicas de Bosch.

Havia Mara, comprida e alemã, com seus olhos verdes, belo corpo, cabelo castanho crespo e discrição quanto ao próprio refinamento cultural. Seu tio Max era um ensaísta famoso e herói cultural de esquerda.

Havia Matilda, cuja nuvem de cabelos acobreados espalhava uma radiação em torno de sua estrutura de mais de um metro e oitenta e cujo corpo voluptuoso negava sua inocência.

Havia Kate, cuja voz estridente e incansável e estrutura angulosa eram compensadas pelo desejo insaciável e disposição para dar prazer. Kate vinha dos confins do extremo oeste, algum lugar perto de Seattle, outro planeta, de cuja existência tínhamos ouvido vagos rumores, mas de cuja língua, cultura, costumes e modos não tínhamos a menor ideia.

Havia Lee, uma garota muito bonita, parcialmente surda, com um pai holandês nervoso e uma mãe indonésia triste e gentil. Ela havia morado em uma pensão pré-Independência no leste de Massachusetts até partir para estudar. Lee, que fora estuprada em um campo por um dos empregados do pai e que com frequência apanhava de chicote no celeiro, não suportava que a tocassem de forma alguma.

E havia Tomi. Tomi, que eletrizava todo o ambiente e fazia tudo ganhar vida ao se apaixonar por cada uma de nós, uma após a outra.

Com cada uma delas, em nosso grupo íntimo e intenso, eu conseguia ter certo grau de identificação – havia alguma área em que a vida delas e a minha coincidiam, na qual seus valores eram compatíveis com os meus –, mas com Tomi eu não tinha nenhum ponto de referência e, portanto, foi por ela que me apaixonei. Desconfio que todas nós, e pela mesma razão.

O interior da mente de Tomi era cheio de espinetas e nanquins, tweed e luxúria. Suas cartas eram impressionantes, composições ecléticas que deviam muito a Dylan Thomas e J. D. Salinger pelo estilo e a Jean Cocteau e Jean-Paul Sartre pelo conteúdo. Eu acabara de sair de um mundo de Puccini e Tchaikovski para Bach; ela tocava Schütz e Palestrina para mim e achava Bach "enfeitado demais". Suas roupas eram uma mistura melancólica de Bergdorf Goodman e Abercrombie & Fitch. Quando ela falava de um apartamento em Nova York, era em West Village, todo branco, com claraboias e vidro sueco, cadeiras pretas de lona que ela chamava de "cadeiras de acampamento africanas".

Seus pais, que não tinham mais dinheiro que os meus, viviam além de suas posses na cara Darien e faziam compras em um Gristedes, onde tudo custava três vezes mais que no supermercado do Brooklyn, mas onde Tallulah Bankhead podia ser vista comprando pêssegos ao conhaque. A mãe de Tomi, Martha, era uma mulher pequena e bela de quarenta e poucos anos, anglo-saxã e decente, carrancuda e lacônica, uma mulher que fazia o que era esperado dela e não sentia nenhum prazer nisso. Era fato bem conhecido – e discutido com frequência – no círculo familiar que ela era frígida. Seu pai era um tipo latino e grandiloquente, meio francês, meio italiano, que bebia por razões emocionais, gastava demais e era desesperadamente apaixonado pela esposa. Seus cães eram sarnentos, mas tinham pedigree; seus heróis, F. Scott Fitzgerald e Harry Crosby. Sua casa era pequena demais, o celeiro, muito grande. Eles liam *The*

New Yorker e o *Sunday Times*, viviam de sanduíches de manteiga de amendoim e ovos mexidos e bebiam intermináveis martínis diante da lareira em sua sala de estar escura e abarrotada.

Tudo isso era um assombro para mim. Eu vinha do Brooklyn, de um quarteirão que era quase uma favela, onde jogava taco na rua e evitava os coroinhas irlandeses. Meus pais eram americanos da primeira geração, meus avós, italianos, e nosso quintal era cheio de parreiras e pés de tomate. Eu tinha dezessete tias e o mesmo número de tios, vinte e dois primos de primeiro grau, que me ensinaram a considerá-los irmãos adicionais. Meus avós não sabiam ler nem escrever. Meus pais, com uma determinação ferrenha, foram para a faculdade por conta própria e conseguiram uma profissão. Nunca tinham dívidas e não compravam nada "a prazo". Eram barulhentos e despretensiosos: o armário da cozinha estava sempre cheio, e o armário de bebidas (quando havia um) geralmente estava vazio, a não ser pelo vinho caseiro. Gostar de bebidas pesadas era considerado uma desgraça.

Nossos banquetes e festas eram reuniões rústicas e fartas, nas quais, desde os meus doze anos, eu me via me desviando dos assédios de um tio corpulento, que, para todos os efeitos, estava me ensinando a dançar tango; nas quais eu tinha de ficar parada para a inspeção que minha avó e as irmãs mais velhas de minha mãe faziam, apalpando meus seios em desenvolvimento, puxando-os para fora com os dedos, ou medindo meu traseiro com as mãos, enquanto comentavam em italiano meus pontos fortes e fracos como futuro animal de procriação. Tudo isso era feito em um espírito de profunda gentileza e alegria. Nenhum dos meus trinta e quatro tios e tias jamais foi ouvido reclamando de sua vida sexual ou do casamento – teria sido uma quebra de etiqueta inconcebível –, exceto tia Zelda, cujo marido simplesmente a deixara, e que, portanto, não podia mais fingir ser feliz, estando ou não.

Assim, foi com total perplexidade que, em minha primeira visita à casa de Tomi, ouvi um Serge bêbado listar os infortúnios acumulados de seu lar e de seu casamento. Essa primeira surpresa foi seguida por outra ainda maior, quando, ao abrir os olhos na manhã seguinte sobre uma cama de armar improvisada na sala de estar, eu me vi aceitando de Serge um martíni bem grande, completo, com azeitona e tudo. Todos andando pela casa em suas roupas de dormir; todos bebendo. Bebi um martíni, depois dois. Eu estava mais do que levemente alta e com *muita* fome quando Serge me entregou um terceiro.

– Minha nossa – exclamei, mais ou menos involuntariamente –, que dureza virar tudo isso, um atrás do outro! – Esse comentário ingênuo me tornou benquista pelo grupo todo. Eu estava "dentro".

No entanto, ninguém falou de café da manhã. Após algum tempo, as pessoas se dispersaram para desenhar, pescar ou costurar. Serge pôs-se a beber de verdade. Ninguém comeu absolutamente nada. E assim passou o dia.

Muitos dias haviam passado desde então. Àquela altura, eu estava acostumada aos hábitos da casa e apreciava por completo minhas visitas, como alguém apreciaria visitar uma família de venusianos fantasticamente bem-educados. Com o complicador de que eu era, havia sido e (estava convencida de que) seria sempre apaixonada por uma das venusianas.

Tão apaixonada que, sentada com ela e O'Reilley na Taverna do Arthur em West Village meses antes, eu concordara de bom grado em sair da faculdade e me juntar a elas para conseguir um apartamento, embora soubesse que elas estavam então apaixonadas uma pela outra. Tão apaixonada que, a pedido de Tomi, eu terminara com Ivan sem dizer uma palavra a ele. Bom, lá estava eu, encontrara um apartamento, contaria a Tomi no dia seguinte, e um novo cenário, o nosso cenário, iria começar: bambu e juta, paredes brancas, móveis pretos. Mesas de trabalho para o design gráfico de Tomi, que ia, pelo menos em teoria, garantir nosso sustento. Pratos Russel Wright. Pão Pepperidge Farm e costelas de carneiro.

Então lá estava eu, de fato e definitivamente, refleti com a gravidade que me era possível após quatro drinques. Sentei-me à mesa de jantar com todo o povo de Klebert, ouvindo a vitrola ficar mais lenta e acelerar e vendo o chão inclinar como de costume.

Martha passou o assado de panela queimado, um de seus feitos culinários, e cada um pegou uma fatia fina. William, irmão de catorze anos de Tomi ("Willianzinho", como costumavam chamá-lo), passou o purê de batata instantâneo. Serge serviu bourbon com gelo a todos, e "Tia Helen", irmã de Serge, enfiou um alfinete de strass no aplique.

Fiz a única coisa que podia fazer para não explodir em gritos de prazer. Pisei no pé de Tomi sob a mesa e recebi um cutucão de "eu te amo" na canela em resposta, enquanto ela engasgava com a salada.

– O que vamos fazer amanhã? – perguntou Willianzinho, com uma massa grossa de batata na boca.

– Pensei em pegarmos o barco – disse Serge – e fazermos um piquenique na ilha.

Martha suspirou e revirou os olhos para o teto, mas não disse nada.

Tia Helen falou com uma alegria explícita:

– Maravilha! Ouvi a previsão do tempo, e há possibilidade de tempestades para o estreito de Long Island. Seria uma viagem *sensacional*! – Sua ponte cintilou na iluminação indireta, e o aplique balançou com a empolgação.

Depois do jantar, Helen, que era uma espécie de bruxa, ofereceu-se para ler o tarô para mim, e Serge, após terminar o bourbon, passou para o conhaque. Cortei o baralho, e Tomi, William e eu olhamos enquanto ela colocava as cartas com certa cerimônia.

– Martha – disse Tomi, em quem o oculto pesava muito, e que estava, portanto, querendo quebrar o encanto –, temos dinheiro para comprar mais um pretinho básico para mim no Bonwit's?

Lá estava novamente, *The New Yorker*, completa com aliteração[1] e tudo. Um olhar de relance para Tomi me fez concluir que ela estava falando totalmente sério.

— Temos dinheiro — Martha disse entredentes de modo mais áspero que de costume, os olhos na garrafa de conhaque vazia — para comprar uma tanga preta básica. Só isso.

Charles Addams, pensei, é o que tudo isso me faz lembrar. Voltei de novo a atenção a Helen. Ela olhava para as cartas, horrorizada. Até seus óculos tremiam.

— Não me peça para ler isto, querida! — gritou ela, colocando uma mão piedosa no meu braço e fixando um olhar apavorado em mim. — Não posso lhe contar o que estou vendo.

— Ok — eu disse, suspeitando que fosse uma bobagem.

Serge estava deitado no tapete aos pés de Martha, ao lado do cachorro.

— Martha, Martha, adorável Martha. Adorável Martha, Martha, Martha — ele entoava repetidas vezes.

Martha apenas fazia um biquinho e seguia tricotando.

Ele se levantou sem equilíbrio e se curvou sobre ela, sem dúvida fedendo a álcool, e fez como se fosse beijá-la. Ela se esquivou dele com prática e se levantou para atiçar o fogo. De

---

1 No original, a frase de Tomi termina com um "basic black at Bonwit's?". (N. T.)

repente, ele se endireitou, um brilho surgiu em seus olhos, e ele saiu correndo, pegando a espingarda que ficava perto da porta.

Um silêncio absoluto se instalou na casa. Martha sentou-se e seguiu com o tricô. Helen continuou pegando as cartas de tarô e colocando-as de volta no baralho. Tomi estava imóvel e muito pálida, observando-a.

Um estampido nítido, depois outro. A arma fora disparada. O cachorro se levantou e foi até a porta, rosnando baixo na garganta. Martha deixou o tricô.

Tomi correu até ela e gritou:

— Não vá lá fora!

Martha parecia horrorizada. A ideia de ir lá fora não havia lhe ocorrido.

Foi Helen quem saiu, e um instante depois Serge voltou cambaleando à sala, enfiando a mão na vidraça da porta. Seu único ferimento. Ele "errara" duas vezes com a arma – e provavelmente atirou no ar.

Então, finalmente, Martha mexeu-se. Ela se levantou. Seguiu com passos rápidos e fúnebres para a cozinha. Voltou com uma esponja e começou a seguir Serge, que vagava e dizia besteiras, limpando o sangue que escorria da mão cortada. Ela não olhou para Serge uma vez sequer, nem para nós, somente para o chão, e o seguia, limpando, limpando, limpando, de cômodo em cômodo.

– Algo deveria ser feito nesse corte – disse Helen, virando-se para mim como supostamente a única pessoa sã na casa. (Willianzinho havia desaparecido a essa altura. Provavelmente estava escondido embaixo da cama – seu refúgio favorito em momentos de estresse. E Tomi estava sentada diante da mesa de cartas, parada e branca feito papel.)

– Está sangrando muito – respondi no tom mais trivial possível. Eu estava contendo uma vontade de gargalhar.

– Você acha que poderia...?

Balancei a cabeça seriamente, tentando parecer movida por uma grande responsabilidade.

– Ele nunca vai ficar parado para isso – respondi. – Melhor esperar até que sossegue.

Serge discursava sobre como era grave seu ferimento, mas que daria a vida pela "adorável Martha". Agitava os braços ao gritar, respingando sangue nas paredes.

Por fim, ele perambulou até a cozinha, tropeçou na tábua de passar e caiu no chão ao lado do lava-louças. Aproveitei a oportunidade e, com um único salto voador, fui parar no peito dele, onde permaneci firme.

– Sim, Serge – eu disse, enquanto apanhava a mão ferida e a segurava para Helen enfaixar –, você com certeza é muito corajoso. Ninguém poderia esperar mais. Mas precisa descansar. A adorável Martha está chorando por ver como você se desgastou.

Martha fez uma careta e examinou a esponja suja.

— Você precisa descansar, Serge — continuei, enquanto Helen cortava o esparadrapo com eficiência –, porque amanhã... — mas ele já roncava no chão.

Martha contemplou-o com frieza por um momento, depois passou por cima dele e enxaguou a esponja na pia da cozinha.

Saí de cima dele com cautela, um pouco decepcionada por minha cena ter sido encurtada de maneira tão abrupta. Eu estava cansada.

Helen encheu quatro copos de conhaque, pensativa.

— Ora — ela disse –, ora, ora, ora. Fico feliz que ele não tenha se machucado.

Tomi não estava na sala. Peguei meu conhaque com uma mão e o dela com a outra e saí à sua procura.

Ela também não estava em seu quarto, mas, quando comecei a voltar pelo corredor, ouvi os sons amorosos baixos, mas inconfundíveis, saindo do quarto de William. Pus um ouvido na porta.

— Devagar agora, ohhh, devagar, Willianzinho, sim, assim... Ai, deus!

Sem dúvida, Tomi saíra à procura do irmão aborrecido e estava agora mesmo restabelecendo sua calma. Eu me perguntei se ela conseguira convencê-lo a sair de baixo da cama ou se estavam naquele instante apertados entre o chão e as molas da cama.

Controlando um escrúpulo momentâneo, olhei pelo buraco da fechadura.

Tomi estava deitada de costas, os pés plantados com firmeza no tapete, a bunda levemente erguida, os joelhos bem separados de modo a expor a abertura entre as pernas. William erguia o tronco levemente sobre os braços e se esforçava seriamente, com um vinco de concentração marcando a testa com firmeza. Ele parecia um boneco Kewpie crescido e perturbado. Enquanto eu olhava, seus movimentos se tornaram curtos e fortes, seus olhos normalmente sonolentos ficaram muito abertos, como se estivesse em choque, e ele avançou em uma série de investidas duras e espasmódicas.

Tomi quase derreteu literalmente no tapete, gemendo naquele tom grave que eu conhecia tão bem, que ela tentava abafar em vão, por medo de ser ouvida, enquanto fincava as unhas no carpete verde-oliva que ia de parede a parede. Depois ela revirou os olhos, as costas arqueadas, e deixou escapar um som como um rosnado. Estremeceu e ficou imóvel.

Bebi o conhaque dela e depois o meu. Eu podia ouvir Martha e Helen tagarelando na sala de estar. Depois ouvi Tomi dizer: "Seu monstrinho idiota!", e me abaixei para dar mais uma olhada no drama elisabetano que se desenrolava justamente em Darien.

Willianzinho segurava a irmã pelos tornozelos e, enquanto eu olhava, puxou-a para si pelo tapete, rosto para baixo, abrindo as pernas dela para os lados e forçando o pau curto e grosso para dentro de seu cu. Ele a prendeu pelos ombros, enquanto ela esfregava o rosto no tapete para não gritar de dor.

Os músculos daqueles braços magros se destacavam feito cordas à medida que ele a mantinha presa ao chão, metendo de modo selvagem e silencioso, com uma espécie de determinação raivosa, enquanto ela se contorcia em agonia. O orgasmo dele foi tão piedosamente rápido quanto violento. Ele se recostou nela por um instante, depois se levantou, deixando-a deitada no tapete.

Ouvi o rangido da cama quando ele se sentou e pude ouvi-lo dizer: "*Sou* um monstro mesmo. Essa é a questão. Há três anos fazemos do seu jeito". ("Três anos!", pensei. William acabara de fazer catorze anos no mês passado.) "Eu nunca fodi o seu cu antes, mas é disso que eu gosto e, quando você entrar aqui de novo, é o que vamos fazer. Só quero dizer uma coisa", disse em tom de escárnio agora. "O tio Horace com certeza faz melhor."

Tomi não respondeu. Simplesmente ficou deitada, muito pálida e muito imóvel, sobre o carpete verde-oliva.

Minha visão estava embaçada, e eu só queria dormir. Concluí que provavelmente estava bêbada. Voltei à sala de estar e me deixei ser colocada na cama por Martha, que cuidou para que eu ficasse no quarto de hóspedes ao lado do dela, bem afastado do quarto de Tomi e de Willianzinho.

Capítulo 6

Abril: conclusão

SERGE DORMIU A NOITE TODA NO CHÃO DA COZINHA, BEM E profundamente. Acordou bem-disposto de manhã e não se lembrava de nenhum acontecimento da noite. Em resposta às perguntas sobre sua mão, Martha, que parecia mais sombria e triste que nunca, disse apenas que ele trombara contra a porta e se machucara – fato que a brisa matinal, assobiando na vidraça quebrada, confirmava sem deixar dúvidas.

A única pessoa que estava de bom humor além de Serge era Helen – ela, como qualquer bruxa, tinha uma fonte de poder secreta de onde retirava suas energias. Tomi parecia evasiva e mais nervosa que nunca, e Willianzinho simplesmente não estava lá – embora tivesse um sorriso brilhante e vazio com o qual recebeu todas as circunstâncias da manhã. Quanto a mim, eu estava totalmente azeda: sentindo as pontadas do ciúme, além da ressaca.

Tomi preparou um suco de tomate para mim, com sal, pimenta e suco de limão, tentando ansiosamente olhar nos meus olhos ao me entregar o copo, e depois tomamos um café preto do mal sem parar. Íamos de fato velejar e, como havíamos acordado cedo, ainda não eram dez horas quando lotamos o carro, jogamos uma cesta de piquenique no porta-malas e partimos para Stamford.

O barco dos Klebert era uma coisa larga e atarracada com um motor que eles haviam conseguido de excedentes da Marinha. Ele tendia a travar, tinha um bom espaço na parte de baixo e era especialmente amado por Serge, que sentia prazer em levá-lo em serviços ridículos e arriscados, tal como transportar uma geladeira usada de Long Island a Stamford no meio de um furacão.

Quando chegamos ao porto, o dia estava claro e ensolarado. Algumas nuvens pequenas e altas passavam rapidamente diante do vento. Serge apontou para elas.

– Deve estar ventando muito lá – ele disse com satisfação. – Deve estar revolto.

Na verdade, acabou que estava bastante agradável. Eu me deitei no convés, vendo as nuvens passageiras e pensando em tempos passados.

Eu me lembrei dos dias quentes e sonolentos da primavera passada. A primavera em um campus de faculdade havia apenas um ano, onde todas nós estávamos reunidas, solucionando as diversas confusões que havíamos criado para enganar o grande demônio sorridente do tédio. Eu apresentara aos poucos as pessoas do meu mundo adolescente da cidade de Nova York para a cena da faculdade da Pensilvânia: a bela, morena e rechonchuda Eva de West Indies, com seu sorriso inteligente e afirmações oraculares crípticas; Susan O'Reilley, clara e angulosa, com seus acessos repentinos de mau humor e inocentes olhos azul-bebê; e Martine, incrivelmente vital e eletrizante, conhecida entre os amigos como Petra – uma verdadeira mina de ouro do surreal e impressionante em ação. Petra e Tomi haviam ficado amigas de imediato. O bizarro da vida de Tomi encaixara--se com o desejo espanhol de Petra pelo dramático, pelas cores vívidas. Eva entrara em nossa dança de amor altamente complexa com sua graça irônica de costume – e Tomi e O'Reilley haviam se apaixonado.

Recordei a semana do verão anterior, passada em uma cabana no litoral de Massachusetts que pertencia à família de Lee. Tínhamos tomado o "trem do leite", que viajava a noite toda de Nova York a Boston, chegamos à South Station ao amanhecer, comemos muffins ingleses e tomamos café na lanchonete Hayes--Bickford à luz rosa e opaca, para depois pegar um ônibus para o litoral. Chegamos lá por volta das nove, deixamos as malas na cabana e fomos de imediato para a praia, ávidas como sempre se fica para sentir o mar.

O mar estava lento e carrancudo, com dunas de areia baixas e cinza e nenhuma espuma. A maré estava baixa, havia mexilhões nas pedras e, após uma tentativa tímida de atravessar a superfície lamacenta até a água, desistimos e nos voltamos para o negócio mais lucrativo de juntar mexilhões. Empilhamos um monte deles sobre um colchão e, a praia estando deserta, tiramos toda a roupa e nos deitamos na areia para pegar o máximo possível do sol tépido de Nova Inglaterra. Olhei para todas nós com admiração antes de me deitar, absorvendo a imagem silenciosa que formávamos: as curvas de nossos corpos combinando com as linhas das dunas, os diversos rosas e marrons de nossa pele quente sobre a areia opaca.

Era como estar no limbo: o mar vagaroso e a luz uniforme, e acho que todas nós sentimos esse peso, embora não tivéssemos a consciência naquele momento, determinadas como estávamos a "aproveitar" a "praia". De todo modo, no começo da tarde o vento ficou forte e aproveitamos a desculpa para vestir os maiôs e carregar o cobertor de mexilhões para a cabana.

Foi enquanto tomava uma ducha no banheiro minúsculo ao lado da cozinha que Mara descobriu um carrapato no ombro. Concluímos que provavelmente havia carrapatos nas dunas e nos juntamos todas na sala de estar, em frente à lareira, para examinarmos umas às outras. No início, nos mantivemos muito atentas à tarefa, nossos corpos e as sombras em movimento criando uma série de pinturas impressionistas na sala.

Eu examinava Petra, passando as mãos com grande prazer por sua nuca e na pele atrás das orelhas, depois pelos ombros e pelas costas, tateando à procura de protuberâncias que indicassem a presença de carrapatos. Enquanto isso, Mara examinava meu corpo. Eu me virei levemente na direção dela, e ela, erguendo um de meus seios pesados com uma das mãos, tateava sob ele com a outra. Ao me virar, avistei Tomi e O'Reilley: a boca de Tomi estava em um dos seios pequenos e pontudos de Susan, envolvendo-o por completo; seus braços estavam em torno da cintura dela, e as mãos agarravam os dois montes da bunda. As mãos de Susan estavam levemente apoiadas nos ombros de Tomi, a cabeça estava jogada para trás em êxtase, os olhos, fechados, e a boca, entreaberta.

Então uma boca quente e cheia se fechou sobre a minha, cascatas de cabelos loiros me cercaram, eu estava afundando em uma nuvem de perfume suave, floral. Matilda estava me beijando, com os braços em mim e em Petra, seu corpo grande, branco e perfumado pressionando nós duas. Ela recuou por um momento, olhando nos meus olhos com um sorriso radiante e irrepreensível.

– Pequena – ela sussurrou –, ah, Pequena! – e fomos para o tapete juntas, as três.

Eu estava de lado, com a mão entre as coxas grandes e belas de Matilda, brincando com seu grande clitóris. Parecia um botão, um botão de rosa fechado, perfeito, endurecendo cada vez mais sob meus dedos. Petra estava deitada de bruços, com a cabeça nas minhas coxas. Ela mordiscava a pele, o côncavo formado pelos músculos longos de minhas pernas. Virei-me para olhar para Matilda, que estava enroscada em nós duas, como uma grande lua crescente, enquanto sua boca entre as pernas de Petra lambia buceta e cu. Petra envolveu a cabeça de Matilda com as pernas. Com a cabeça virada para o lado, lambi e mordi de leve o flanco de Petra e as mãos macias de Matilda, que passavam por ali.

Minhas pernas se abriram como um suspiro e, com um rush de prazer e alívio, senti a boca forte de Petra em minha buceta, sua umidade quente encontrando a minha no carinho mais suave e sutil possível. Em seguida, sua língua saiu e começou a brincar com meu clitóris, e eu estremeci e me arqueei de prazer, enquanto mordia seus quadris e mergulhava a mão na buceta úmida de Matilda, com seus pelos macios e finos como ouro alquímico vermelho.

Ela sussurrava, um som baixo, pulsante, no fundo de sua garganta, soando como um contraponto sutil aos gemidos graves de Petra. Abri mais as pernas e virei a pelve levemente para o lado para encontrar a boca de Petra. Quando me movi, senti a carne fria e trêmula de Susan em meus pés. Achei que ela ainda estivesse nos braços de Tomi. Acima da minha cabeça e isolada do meu campo de visão pela parede formada pelo corpo de Matilda, pude ouvir Eva suspirando, enquanto Mara murmurava seu nome sem parar. Era uma nuvem imensa de corpos e luz do fogo, de um som amoroso e toques suaves, e eu flutuava dentro dela. Gozei. Eu me senti derretendo.

Explosões de relâmpagos começaram na minha lombar, perfurando meu abdômen e disparando para dentro da virilha feito lava. Contra o meu rosto, Petra estremeceu e gozou como um grande mamífero exótico, e a minha mão na buceta de Matilda doía depois de se alternar entre ser espremida por suas coxas e pressionada pelos movimentos circulares frenéticos da xoxota. O ritmo lento e pesado do orgasmo de Petra me atingiu profundamente e, enquanto as paredes da minha vagina tremiam e eu gozava em um fluxo delicioso de prazer, pude ouvir o grito de êxtase e o choro profundo e incontrolável de Tomi.

Não me mexi por muito tempo. A luz bruxuleante no teto entrou em foco aos poucos. A cabeça de Matilda estava no meu peito, ela chupava meu seio, e pude sentir o cheiro de cocô de Petra em seu cabelo. Minha mão na sua lombar estava grudenta com seu líquido. Petra, dormindo ou desmaiada, jogara-se para o lado, os mamilos de seus grandes seios franzidos e apontando para o teto, os olhos fechados, acentuados por manchas de sombra escura e um rubor vivo como blush vermelho nas maçãs altas.

Mara passou o corpo alongado e flexível entre mim e Petra, escorregando pelo meu dorso como uma cobra, para beijar a nuca de Matilda. Matilda deslizou por cima de mim para encontrá-la no meio do caminho. Passei a mão, úmida do gozo de Matilda, pelo corpo longo e delgado de Mara, untando-a. Depois me virei de lado, deslizando para fora das duas, colocando-as no chão com delicadeza entre mim e Petra. Enquanto o fazia, senti as mãos quentes e fortes de Eva nas minhas costas.

Virei-me para encará-la e, com um som rouco, animal, mergulhei de cabeça naquela carne quente, morena, almiscarada, como se mergulhasse na terra. Deleitei-me em seus seios cheios com mamilos grandes, preto-azulados, em sua barriga funda e redonda, depois separei delicadamente suas coxas pesadas e lambi o pelo negro e crespo de seu monte, absorvendo o odor doce e rico. Minha língua, com vida própria, abriu caminho pelo labirinto dos pelos e tocou suavemente o clitóris ao delinear a forma da buceta, enquanto minhas mãos apertavam sua bunda, suas coxas. Ela gozou rápido, e eu senti os tremores passarem de seu corpo ao meu quando sua mão entrou em mim por trás e reacendeu a força vital dentro de mim.

Quase contra a minha vontade, o tremor em meu corpo aumentou devagar, baixou e aumentou novamente. Eu estava sem forças, exaurida do contato anterior. Ali deitada com a cabeça nas coxas de Eva, eu tinha certeza de que estava cansada demais para gozar de novo, mas o orgasmo cresceu de modo inexorável, devastando minha espinha e disparando pela barriga até a virilha, até eu finalmente perder a consciência e cair em um peso cinzento entre o desmaio e o sono.

Foi o frio da sala, quando o fogo se apagou por falta de cuidados, que finalmente fez com que nos vestíssemos e com que os mexilhões fossem cozidos no vapor e comidos com pão francês e vinho tinto, enquanto o fogo cuspia faíscas de pinheiro e Petra dedilhava o violão. O'Reilley não comeu, ficou aconchegada em um sofá, com a cabeça nos braços e o corpo longo e claro enrolado, o cabelo liso e loiro formando uma aura em torno dela, e foi nesse momento que Tomi se apaixonou por ela – uma paixão que, desde então, precipitou primeiro a ela e depois a mim para fora do mundo seguro e isolado da "escola" e para a vida frenética da cidade, onde ainda não havíamos encontrado nenhum refúgio, nenhum lugar onde moldar nossa própria forma de vida.

E, agora que eu encontrara o apartamento, voltei a refletir. A essa altura já voltara a me animar depois do abatimento causado um dia antes pela cena de Tomi com o irmão e por todas as circunstâncias de sua vida ao estilo de Darien. O dia foi uma delícia, o balanço do barco, encantador, e o céu claro e as nuvenzinhas altas contribuíram para o êxtase. Eu realmente encontrara o apartamento, e agora só restava contar a Tomi e reunir a todas lá dentro. E ver o que aconteceria em seguida. Minha mente girava com as possibilidades.

Atracamos na ilha e levamos nossa bagagem para a terra. Eu estava embriagada com o ar e as possibilidades do momento e pedi de imediato a Tomi que desse uma volta comigo. Sua consciência ainda estava ressentida com o que ocorrera na noite anterior, e ela estava ansiosa para me agradar como pudesse. Passeamos pela praia ensolarada e fria até estarmos longe do alcance dos ouvidos da família, então eu me virei para ela.

– Esperei o fim de semana todo para contar que encontrei um apartamento para nós em West Village, na Charles Street. Tem dois quartos, um estúdio com claraboia e... – Parei quando vi a expressão dela.

– Di Prima – ela disse com delicadeza, quase sussurando, sem olhar para mim. – Me perdoe. Não vou com vocês. Não vou morar com você e O'Reilley.

A princípio, simplesmente não ouvi, apaguei as palavras como se fossem impossíveis – eu não deixara a faculdade exatamente para morar com Tomi? Eu não embarcara em toda essa vida com isso em mente, tanto assim que os axiomas e regras da vida anterior – de minha infância e dos tempos de escola – eram algo que eu nem sequer conseguia lembrar? Mas Tomi seguiu falando e, enquanto falava, eu observava seu rosto pequeno, sombrio e devastado, cheio de tormento, e meus olhos leram em sua expressão o que meus ouvidos não puderam aceitar de sua voz.

– Não posso deixar Martha – ela dizia, improvável, argumentando. – Por favor, tente entender. Não posso deixar Martha com Serge. William não ajuda nada, não posso deixá-la sozinha com Serge. Tenho que ser o que ela quer que eu seja. O que ela queria ser e nunca pôde.

Ela chorava agora. Aos poucos, comecei a ganhar vida. Mexi os braços. Pus as mãos em seus ombros.

— É da sua vida que você está falando agora, garota — eu disse duramente. — De toda a sua maldita vida.

Ela murmurou um suave "eu sei" e, depois, com sarcasmo, "Di Prima, pare, por favor. Não vamos fazer uma maldita cena".

Eu ainda segurava seus ombros, ainda a encarava fixamente. Eu não conseguia tirar os olhos daquele rosto atormentado pela dor.

Ela me olhou nos olhos, e as lágrimas começaram a escorrer por seu rosto de novo.

— Por favor — ela disse —, por favor.

Eu a puxei para mim e a abracei, sentindo os soluços chacoalharem o corpo pequeno, enquanto eu derramava beijos em seu rosto e no cabelo enrolado, como um fogo negro em meus lábios. Eu também tremia da cabeça aos pés.

— Ok — eu disse, quando consegui voltar a falar. — Ok, sem cena. Faça o que tiver de fazer.

Eu a soltei, e ela se virou sem mais uma palavra e andou até a beira do mar. Lavou o rosto na água, enquanto eu esperava, catando seixos sem propósito e os jogando de volta. Eu não pensava em absolutamente nada.

Uma nuvem passava tapando o sol, e estava esfriando. Tomi voltou e andamos em silêncio, lado a lado, de volta ao local em que a família estava reunida.

Martha e Helen tinham feito uma fogueira. Estavam grelhando hambúrgueres. Serge nos saudou com entusiasmo e enfiou uma lata de cerveja na mão de cada uma. Ele estava muito feliz. Como a maioria dos homens saudáveis e vigorosos, pelo menos metade de seu problema era simplesmente o fato de que a vida civilizada não poderia conter, ou usar de alguma forma, suas energias. O vento fresco o fez sentir-se bem. Ele corria de um lado para o outro de short e em mangas de camisa.

Vesti meu suéter, fazendo um esforço para me recompor, para apagar tudo da mente que não fosse a participação adequada naquele evento festivo.

Pela primeira e única vez em meu contato com os Klebert, havia o suficiente para comer, e quase todos estavam dispostos a se empanturrar. A conversa era jovial, a espirituosidade de Martha estava afiada como a lenha que ela juntara. Apenas Willianzinho se retirara, sentando-se sozinho em uma pedra na água, mascando um pedaço de aipo e olhando além do horizonte. Helen notou a atitude dele e fez uma piada sobre os tormentos da adolescência. Perguntei-me se ela sabia o quanto estava acertando ou se tinha alguma noção de quais seriam os tormentos nesse caso. Olhei rapidamente para Tomi. Ela estava pálida como a morte, acendendo um cigarro com atenção, as mãos trêmulas.

Após o almoço, o sol fez mais uma aparição, e todos se acalmaram para uma ou duas horas de descanso. Martha lia *In Country Sleep*, de Dylan Thomas, que acabara de ser lançado. Helen fazia uma toalha de mesa de renda cor de vinho, que ia puxando de modo solene de uma velha bolsa feita de um velho tapete. Serge tinha um livro só com as palavras cruzadas de *New York Times* antigos. Tomi pegou um bloco de papel e lápis de carvão e fingiu estar ocupada, e William... William apenas ficou sentado na pedra.

Eu me afastei um pouco dos outros, encontrei um morro mais ou menos isolado e me deitei ao sol. As regras do jogo me impossibilitavam de tentar continuar a conversa com Tomi naquele instante: forçar um assunto quando alguém estava emocionalmente vulnerável "pegava mal". Mas minha mente girava com as mudanças que se revelaram para mim na última hora, e eu queria sossego e privacidade para organizar as coisas. Repetidas vezes, pensei: "Tenho de pensar sobre isso", mas não vinha pensamento algum, nem mesmo o "isso" se definia, e, pouco tempo depois, caí naquele sono doloroso, semelhante a um limbo, causado pela exaustão emocional e pela confusão.

Fui despertada pelo peso de um corpo sobre o meu e por uma língua em minha orelha. Livrei a cabeça e me virei o suficiente para ver que Serge, completo com short e óculos de sol, estava deitado em cima de mim.

– Por favor – sussurrou e, por um momento indizível, pareceu Tomi. – Não faça nenhum barulho. Estão todos dormindo.

Seu hálito cheirava a álcool, e eu senti mais que uma ligeira repulsa pelo corpo pesado, de homem mais velho. Retorci-me sob ele, consegui rolar de bruços e comecei a me afastar, engatinhando, com a intenção de ficar a uma distância segura, sentar-me e ter uma conversa tranquila e racional com ele. Era provável que estivesse bêbado, e, se eu conseguisse me afastar, poderia lidar com ele com relativa facilidade. Se eu conseguisse me afastar...

Mas ele foi rápido demais e me agarrou pela cintura, puxando minha calça ao mesmo tempo, que ele abrira quando eu estava dormindo, até a altura das pernas. Lutei em silêncio para me soltar, sem parar de pensar, incrédula, que aquilo era estupro, que eu estava prestes a ser estuprada.

Serge conseguiu de algum jeito tirar o pau rígido do short, porque eu pude senti-lo me cutucando entre as pernas, tentando entrar. De repente, sua boca estava no meu traseiro nu e pude sentir aquele bigode absurdo na minha pele. E meu medo e terror pareceram ridículos. Aquele era Serge, o pobre e tolo Serge, que nunca conseguiu comer a mulher, e, se ele queria uma foda comigo, ora, era melhor eu deixar. Não ia me machucar. Não muito. Fosse como fosse, eu não parecia ter muita escolha.

Parei de resistir. Serge sentiu minha aquiescência de imediato. Suas mãos deixaram de segurar meus ombros como um torno e deslizaram para dentro do meu suéter, para dentro da blusa, e seguraram meus seios.

Minhas pernas relaxaram sozinhas e se abriram de leve para recebê-lo. Ele enfiou o pau com destreza. De modo involuntário, comecei a sentir prazer nos seios, com a sua assistência. Eu tremia, com a bunda de fora e, em grande parte, entediada no vento frio, enquanto sua virilha batia em mim repetidas vezes.

Então, todo o meu sofrimento pesado se transformou em um desejo impessoal e insano que gritava por apaziguamento. Minha buceta se excitou com relutância, e comecei a me mover com ele, com as mãos e os joelhos na grama, ganhando ritmo à medida que a energia crescia.

Por fim, joguei-me de rosto para baixo no morro, pinoteando e tremendo em um finale abstrato e mecânico que ainda parecia ridículo, e Serge gozou comigo, deitando-se pesado sobre as minhas costas e arfando no meu ouvido, enquanto lançava jorros curtos e quentes de porra na minha buceta.

Ficamos ali deitados só por um instante. Assim que tentei me mover, Serge se levantou e saiu de cima de mim, fechando o zíper. E, antes mesmo que eu pudesse me virar, sua cabeça estava embaixo da minha bunda, na curva das coxas, lambendo seu gozo e o meu, e me secando de modo solícito com um lenço. Isso me trouxe uma lembrança abrupta de Tomi tirando a lama dos meus pés com a calcinha no dia anterior, e abri um pouco as pernas para melhorar o acesso, apoiando a cabeça nos braços.

Quando ele terminou, eu me virei, puxei a calça e fechei o zíper; depois me sentei e comecei a ajeitar o cabelo. Serge me deu um beijo no rosto, de modo paternal, e eu dei um tapinha em seu braço antes de ele voltar sem dizer uma palavra ao grupo em torno da fogueira.

Fiquei deitada para me recompor, mas aquele orgasmo estranho e breve havia me entorpecido: removendo todos os pensamentos da minha cabeça e quase todo o sofrimento do meu coração – que ainda estava lá, mas em um lugar fundo, totalmente fora de alcance, como um pedregulho no fundo de um lago. O sol se recolhera – agora de vez, parecia – e estava realmente frio demais para ficar ali deitada, matutando, então me levantei e fui encontrar os outros.

Eu os encontrei arrumando as bagagens para voltar ao barco. Ajudei da melhor maneira que pude. Minha cabeça estava tão leve que eu tinha certeza de que estava andando estranho. Eu era inexperiente em transar de quatro e provavelmente tinha rasgado um pouco a pele da vagina. O jeans apertado não ajudava nada. Tomi olhou para mim com uma expressão questionadora uma ou duas vezes, mas consegui evitar seu olhar.

Assim que partimos, começou a ventar. Uma senhora tempestade se aproximava. O barco chacoalhava e dava trancos, a chuva veio, e quase todos entraram na cabine. Quanto a mim, eu sabia que não conseguiria encarar um exame muito próximo de Tomi ou Martha, então subi no teto da cabine e fiquei sentada, segurando-me com as duas mãos e olhando para o céu.

Caíram vários relâmpagos, trovões estrondeavam. Serge ficou ao leme, encharcado, cantando a plenos pulmões. O short molhado e grudado revelou outra ereção.

Era como se o tempo e eu estivéssemos completamente de acordo. Fiquei ali sentada, absorvendo, sentindo pela primeira vez na vida quanta turbulência eu era capaz de conter em silêncio, o que era resistência, sendo lavada pela pureza, pela pura fúria dos elementos. Finalmente, Serge percebeu que eu estava lá e, por preocupação comigo ou constrangimento pelo ocorrido no dia, ordenou que eu descesse, dizendo que não poderia se responsabilizar se eu fosse jogada no mar.

Na cabine estavam todos enjoados. Havia um vazamento no teto. Martha estava sentada, segurando um cobertor como se fosse uma tenda sobre Willianzinho, que, encolhido em posição fetal, tentava dormir. Helen e Tomi tentavam jogar cartas, mas, depois de algum tempo, desistiram e apenas ficaram sentadas, Tomi pálida como a morte, soltando pequenos grunhidos evasivos em resposta à tagarelice incessante de Helen.

Surgiu em minha mente uma imagem guardada na memória, uma história que Tomi me contara sobre uma professora de música por quem ela tivera uma queda quando era uma criança de doze anos. De que a mulher finalmente a seduzira um dia sob a amendoeira na frente da casa de Tomi. De que Martha vira as duas e ameaçara a filha de mandá-la para um reformatório e a mulher de chamar a polícia se algum dia voltasse à sua casa. Agora, ao pensar nessa história, as três apareceram na minha cabeça com roupas vitorianas: Tomi e a professora em uma pose formal, quase clássica, sob a árvore, Martha de espartilho e gola alta de renda, parada à porta de casa. Muito como Henry James, pensei. Eles pensam que são Fitzgerald, mas são como um Henry James pobre...

A cabine estava sem ar, abafada e quente. Peguei *In Country Sleep* e li à luz de uma lanterna. "Nunca e nunca, minha menina, ao andar longe e perto..."

Chegamos, embora eu não saiba como, e finalmente ancoramos em Stamford, e a essa altura eu sabia que não seria capaz de enfrentar mais uma noite daquilo, que eu tinha de ir a algum lugar, qualquer lugar, fora dali, fora daquele ar denso, daquelas vidas entrelaçadas. Eu sabia que, uma vez que me afastasse, encontraria meios de ficar longe, que eu não veria Tomi outra vez.

– Sim – ela disse –, você pode pegar o trem das nove e vinte, mas eu pensei que você fosse voltar com a gente.

Murmurei algo sobre ter acabado de me lembrar de um trabalho que teria de fazer de manhã, alguma desculpa esfarrapada, enquanto Martha me examinava com aqueles olhos cinza ultraclaros.

– Está bem! Então nós a deixaremos na estação – ela disse no tom mais gentil que eu já ouvira dela. – Serge pode levar sua mala quando for para a cidade trabalhar amanhã.

Tomi não disse nada, mas, quando entramos no carro, ela deu um jeito de se sentar ao meu lado. Senti a sua coxa contra a minha, a dureza suavizada da sua respiração. Seguimos em silêncio. Quando desci, Tomi desceu comigo, para me acompanhar ao guichê de passagens e me deixar na plataforma certa. Ainda chovia de leve.

– Di Prima – disse Tomi –, Di Prima, fale comigo.

– O que há para dizer? – perguntei. – Você sabe do que está abrindo mão.

Eu me referia a O'Reilley, mas me referia à luz e à liberdade, ao ar e a risadas, ao mundo externo – fora da sufocante atmosfera incestuosa da sua "vida familiar". Eu me referia a pranchetas de desenho em ambientes altos e claros, noites no balé ou em algum restaurante exótico, ou simplesmente vagando, explorando as ruas de neon. E, principalmente, eu me referia aos risos, à bobeira e à alegria não questionada, ao sangue correndo forte e vermelho nas veias, e não sendo extraído para alimentar o desgosto inextirpável da geração anterior.

– Eu a esquecerei – disse Tomi, referindo-se a O'Reilley. – Não posso fazer isso com Martha.

Felizmente, estávamos isoladas, e eu segurei e beijei aquelas mãozinhas lindas muitas vezes antes de virar as costas e seguir para a plataforma sem olhar para trás.

E, finalmente, minhas lágrimas caíram, enquanto a chuva caía, sem parar, sem esperança, enquanto eu via o velho Chrysler preto sair e virar na direção da floresta de Darien, levando a pequena criatura que eu amava mais que qualquer outra coisa no mundo.

Capítulo 7

Algumas maneiras de ganhar a vida

— VOCÊ VAI TER DE CHEGAR UM POUCO MAIS PERTO AÍ, JOE. Coloque a boca bem na dela para essa. Você está ok, Bob. Ok, Diane, levante só um pouco o joelho esquerdo agora. Agora erga o queixo, jogue a cabeça mais para trás. Molhe os lábios.

Uma boca suave, quase educada, fechou-se sobre o meu peito, uma mão negra e grande segurou minha cintura nua. Levantei um pouco o joelho esquerdo, joguei a cabeça para trás e fiquei parada. Clique. Uma enxurrada de luz exagerada caiu sobre nós três. Clique. Desta vez, o estalo mais lento do obturador de uma câmera, repetido três ou quatro vezes.

– Ok, pessoal, acabou.

O quadro ganhou vida. Bob tirou a cabeça do meio das minhas pernas, Joe tirou a boca do meu seio direito, e todos nos levantamos. E rimos, para quebrar a tensão, a estranha proximidade sexual que já nos afetava.

– Ufa! – disse Bob. – Ufaaa! Bom, pelo menos você tem uma bela xana, querida. Tem umas xanas brancas que cheiram mal mesmo.

– Nossa, obrigada, Bob – eu disse, rindo. Passei um braço de irmã pela cintura dele por um momento, depois me virei para vestir meu quimono.

Estávamos em um loft que existia apenas em Nova York, e apenas na Nova York da década de 1950. Um espaço enorme, cinza, empoeirado, suspenso, pendendo no ar logo a leste da Union Square – um lugar tão silencioso, escuro e solitário como o deserto, existindo em sua dimensão peculiar de quietude, à qual ninguém conseguia obter acesso sem a total cooperação do habitante.

Esse loft em particular pertencia a um certo Duncan Sinclair, fotógrafo e pornógrafo freelancer. Duncan era um negro amável e cordial de trinta e poucos anos. Agora estava distribuindo cervejas para todos nós, que nos sentamos, brincando e falando tranquilamente sobre nada.

Joe era pintor, daquela escola vívida e expressionista de pintores negros da Costa Leste de que nunca se via ou ouvia falar lá – embora fosse conhecida na Europa – por ser vital e animada (e heterossexual) demais para qualquer galeria de arte da Costa Leste. Ele estava me passando uma receita de comida de pobre: algo chamado *hopping john*, feito de arroz integral e feijão roxo com pernil de porco.

Bob era barman em um bar no centro, na Fifth Avenue. Era alto, bonito e muito negro, e fazia esses bicos durante o dia para ganhar um dinheiro extra.

Fiquei ali sentada, cansada e com uma fome leve, meio ouvindo o que os três diziam, meio deixando meus pensamentos vagarem por onde quisessem.

Fazia apenas algumas semanas que eu me mudara para o apartamento no Lower East Side que eu encontrara para mim depois que Tomi decidira não morar comigo. Sem ela, o estúdio no Village que eu encontrara para nós perdera o sentido e além disso era caro demais. Em vez dele, escolhi um pequeno apartamento "reformado" de dois cômodos e meio na Avenue A com a Fifth Street. Eu tinha um senhorio visionário, um velho rabino que concluíra, já naquela época, que o East Side se tornaria o "novo Village" e comprara alguns prédios, reduzira os apartamentos para um tamanho apropriado e esperava alugá-los para jovens pobres que pensavam como ele ou que simplesmente quisessem um refúgio, qualquer refúgio que pudessem bancar, do qual pudessem ir a pé a bares, cafés e livrarias.

Eu era a única que ele encontrara até então. Sempre que eu entrava ou saía no corredor malcheiroso do triste prédio, cujo exterior sustentava uma nova camada de tinta cinza com bravura, passava por um corredor polonês de olhinhos desconfiados de literalmente centenas de polonesas, ucranianas e húngaras que não sabiam o que eu estava fazendo no meio delas, mas não gostavam, não gostavam nem um pouco.

Ao descer a Fifth Street a partir da Avenue A, passava primeiro por uma funerária muito perfumada, depois por um pequeno frigorífico cuja calçada estava perpetuamente oleosa e manchada de gordura de linguiça e, em seguida, por um bar igualmente sujo, onde eu passava pelos olhares e assobios diários dos homens safados e sedentos de sexo que pertenciam às mulheres de olhar desconfiado mencionadas anteriormente. Ali propostas eram feitas a mim, desesperos eram manifestados e promessas sussurradas, que, por algum motivo, eram mais vulgares e detestáveis que qualquer coisa com que eu já me havia deparado em qualquer lugar desde então.

Depois de pagar o aluguel, o depósito antecipado do mês, a taxa de um mês da imobiliária, o gás, a luz e o telefone, e de comprar necessidades básicas como uma frigideira e um cobertor, eu estava totalmente dura e comecei a procurar ansiosamente um meio de ganhar a vida. Em um ônibus urbano, eu encontrara uma cópia descartada de *Show Business* e ali vi um anúncio que procurava "garotas sexy para modelos", que oferecia um pagamento sedutor de dez dólares a hora ou mais. Eu tinha minhas dúvidas sobre ser qualificada, mas preenchia com fartura meus sutiãs tamanho C, e minha cintura tinha as indicadas dez polegadas a menos em relação ao busto e aos quadris, que tinham quase o mesmo tamanho, com a diferença de uma polegada. E assim, sem nenhuma informação a seguir a não ser um número de telefone, decidi tentar.

Dois dias e três ligações telefônicas depois, eu me vi no escritório de um tal de Gay Faye, enquanto ele me analisava sabiamente.

— Pode se levantar de novo, querida? — ele dissera de modo abrupto. — Agora, vire, deixe-me ver de lado. Bom, vale a pena tentar, acho. Levante a saia, por favor. Deixe-me ver suas pernas.

Eu me curvei para fazê-lo, puxando a saia até um centímetro da minha buceta, pensando no que ele proporia em seguida.

– Olha – eu disse –, não sou tímida. Por que não me pede simplesmente para tirar a roupa e vê se sirvo ou não?

– Vou chegar lá, querida – disse Gay, fazendo uma careta. – Vou chegar lá. Gosto de chegar lá aos poucos. Tire a saia e a blusa agora; deixe-me ver a calcinha e o sutiã. Meu Deus, que lingerie desleixada. Espero que tenha trazido algo melhor.

– Sim – eu disse –, trouxe algumas cintas-ligas, meias-calças, calcinhas transparentes e um sutiã preto de renda.

– Bom, é um começo, seja como for – disse ele, acendendo um Du Maurier. – Agora tire as roupas de baixo.

Fiz isso, e ele disse:

– Agora vista a calcinha de novo e tire, só que desta vez vire de costas para mim enquanto isso.

Obedeci, sentindo-me como uma foca adestrada no circo, enquanto ele analisava a minha bunda, primeiro de um lado, depois de outro.

– Nada mau – disse o sr. Faye. – Você realmente parece muito mais rechonchuda com aquelas roupas do que é na verdade. As mulheres nunca vão aprender a se vestir. – Ele recostou sua figura frágil e angulosa na beira da mesa. – Quer começar hoje?

– Claro – disse eu. – Por que não? Quer dizer, eu gostaria, muito. – Senti como se já tivesse começado.

– Ótimo – ele disse. – Então, vista esse robe, por favor. E é melhor ir para a cozinha e preparar um café para você. Não podemos começar antes que as marcas saiam.

– Marcas? – perguntei.

– A linha vermelha do sutiã debaixo dos peitos – ele disse com algum prazer. – Parece quase um vergão. O pequeno vinco na barriga do elástico da calcinha.

– Verdade – eu disse, embora nunca tivesse pensado nisso antes. Eu me senti como a heroína de um romance sadomasoquista.

Vesti o robe, uma imitação da década de 1930 de um quimono de seda preta, bordado com peônias chamativas e horrorosas, e segui na direção indicada para ver se podia realmente fazer um café.

O sr. Gay era tão gay quanto o nome. Tinha um ódio absoluto pela forma feminina e dedicava toda a prática de sua arte a distorcê-la, obscurecê-la e confundi-la de todos os modos possíveis. As produções de sua câmera, reproduzidas em cores às dezenas de milhares, tidas como sexy, eram coladas em calendários e penduradas em oficinas e antros por todo o país. Elas mantinham a ele e ao ex-halterofilista que morava com ele e cuidava da casa no conforto que tanto mereciam.

Começamos com uma série de fotos em que eu estava nua, ajoelhada e apoiada nas cadeiras, as mãos nos cabelos longos e a cabeça virada para o lado – tentando fazer cara de recatada, ou o que eu pensava ser cara de recatada, que depois mudei para o que eu achava que seria cara de recatada para Gay Faye. Uma série inteira de fotos de costas, debruçada em uma poltrona, queixo apoiado nas mãos, com cara de entediada. Uma foto em que eu estava curvada, olhando entre as pernas.

– Estou muito limitado – reclamou Gay –, por causa dos seus *pelos*. Olha, se fizermos muito disso, você consideraria a ideia de se depilar?

Tive uma sensação de coceira e comichão entre as pernas só de pensar e franzi a testa, esperando parecer pensativa.

– Não sei – eu disse. – Depende de quanto trabalho tem. "Certamente que não", era o que eu estava pensando. "A vida já é difícil assim."

Caminhei pela sala de cinta-liga, meia-calça e salto alto. Fiquei parada de camisola transparente diante da janela, pernas abertas, braços esticados para cima. Aninhada sobre uma pele de urso, nua mais uma vez, com o pequeno chihuahua repugnante de Gay no colo, cobrindo os pelos ofensivos. Fiquei ao lado da mesa de Gay com a toalha de renda, de chapéu e avental de empregada e o eterno salto alto, segurando uma bandeja de prata com um aparelho de chá de prata logo abaixo dos peitos nus. Saí do chuveiro toda molhada, de touca de renda e com uma toalha minúscula, uma longa mecha de cabelo vermelho grudada pela umidade no meu seio e enrolada em torno do mamilo.

Paramos, exaustos. Warren, o halterofilista, saiu para comprar sanduíches enormes e baldes de café. Em seguida, eu me vesti e encerrei o dia.

Trabalhei para Gay mais duas ou três vezes. Depois, em uma ocasião, Duncan apareceu para fazer alguma foto no tapete de pele de urso e me perguntou se eu trabalharia para ele.

– O trabalho é um pouco diferente – ele disse. – Mais, digamos, realista. Mas o pagamento é melhor... Eu pago vinte e cinco dólares a hora.

– Ótimo – eu disse. (Meu aluguel era quarenta e cinco dólares por mês.) – Quando quer começar? – Imaginei que ele estivesse se referindo à pornografia, mas eu já havia concluído que pornografia verdadeira, totalmente honesta, estaria longe de ser tão obscena quanto as coisas que eu estava fazendo para Gay.

Seguira-se uma série dessas sessões ultracorteses. A maior parte da pornografia era fingida, e o pouco que não era realizado com uma combinação de gentileza e know-how me deixava curiosa quanto ao que viria em seguida.

Duncan havia me oferecido um emprego permanente como sua secretária e recepcionista, além das sessões de fotos, estipulando apenas que eu trabalhasse – datilografasse, atendesse ao telefone etc. – totalmente nua. Recusei porque, conforme expliquei a ele, achei que já estava ganhando dinheiro mais que suficiente e não queria me prender a um emprego normal. Duncan gargalhou sem parar diante da ideia de que teria me oferecido um "emprego normal", e continuamos nos encontrando algumas vezes por semana para sessões de fotos.

Agora, quando eu estava prestes a me vestir para ir para casa, Bob voltou-se para mim, e pude ver que o que quer que ele tivesse em mente era algo sobre o qual vinha refletindo havia algum tempo.

– Diga, Diane, será que você poderia me fazer um favor? Nunca lhe contei isso, mas tenho uma coleção... Tenho juntado fotos de bucetas há algum tempo. Acho que já tenho mais de três mil bucetas: brancas, pretas, chinas, todos os tipos. Tenho até a buceta da Joan Crawford. Então eu estava pensando... estava pensando se você deixaria Duncan tirar uma foto da sua buceta. Você não precisa fazer nada, ninguém mais na foto, só deitar lá, só deitar com as pernas abertas e deixar que ele tire uma foto da sua xana.

– Claro – eu disse. – Por que não? – Virei-me para Duncan. – Quer fazer isso agora?

– Se você não estiver muito cansada – disse Duncan. – Ainda está tudo montado.

Deitei-me no sofá, Joe subiu e ligou os refletores. Bob observava, bebendo sua cerveja de modo impassível, enquanto Duncan clicava a câmera, fazia alguns ajustes na lente, me movia um pouco e clicava de novo.

– Tentei duas aberturas diferentes – ele disse a Bob e riu escandalosamente do próprio trocadilho. – Vamos ver qual das duas sai melhor.

– Ei, olha, muito obrigado! – disse Bob, quando comecei a me vestir.

– Ah, não foi nada – respondi com sinceridade. – Eu gostaria muito de ver sua coleção algum dia.

– Quando quiser – disse Bob. – Talvez – ele acrescentou esperançoso –, quando Duncan revelar, você pudesse assinar para mim.

– Claro – eu disse –, vou até sua casa e assino.

O telefone estava tocando quando voltei ao apartamento. Era Petra, ligando do misterioso "centro da cidade" onde trabalhava.

– Querida, quer ganhar um dinheiro? Tenho um trabalhinho para você.

– Claro! – eu disse. – Qualquer coisa, menos rodar bolsinha.

– Tem um sujeito no meu escritório que precisa de uma "a outra" para um caso de divórcio. Você não precisa fazer nada... Quero dizer que ele não vai molestá-la nem...

– Quer dizer que não tenho de trepar com ele.

– Isso, querida, nada do tipo, você só tem de ser vista... ah, é muito complicado... Você quer fazer? Eu passo o telefone dele.

– Acho que sim – eu disse –, pelo pouco que entendi.

No dia seguinte, eu estava em um táxi, subindo a Fifth Avenue na direção da parte rica da cidade. Porteiros aproximaram-se com cautela. Eu disse a senha, e eles se tornaram corteses. Elevadores se abriram e fecharam em silêncio. Caminhei sobre carpetes felpudos em corredores longos e intimidantes.

– O sr. Vandenberg logo estará aqui – disse a empregada, quase em sueco, e me deixou em um quarto cheio de cadeiras desconfortáveis, flores e artes mais desconfortáveis ainda. Depois o sr. Vandenberg apareceu, e de repente entendi o ambiente em que eu estava.

Nós nos apresentamos e cumprimentamos com um aperto de mão. Ele não me olhava nos olhos.

– Tomarei muito pouco do seu tempo, srta. Di Prima – ele disse em um tom pesaroso. – Faça a gentileza de seguir por aqui. – Um sotaque refinado de Berlim.

Entramos em um quarto pouco iluminado, com cortinas pesadas que formavam um arco de filme dos anos 1930 acima das janelas altas. Eu as puxei um pouco para o lado e olhei para fora. O Central Park estendia-se abaixo de nós, cheio de luz solar, uma lembrança de outro planeta, mais verde.

O sr. Vandenberg lembrou-se de repente dos deveres de anfitrião.

– Gostaria de beber algo?

– Não, acho que não – eu disse. – Por que não me diz o que tenho de fazer?

Ele explicou tudo.

– Está bem – eu disse. – Agora, sr. Vandenberg, fico hesitante em trazer um assunto tão delicado, mas a srta. Vegas me disse que a remuneração para este... serviço... seria...

– Cem dólares – ele disse, desviando o olhar com tristeza. – É suficiente?

– Sim – eu disse. – Acho que sim. Pode me adiantar a metade?

O sr. Vandenberg pegou a carteira e tirou uma nota de cem dólares.

– Não previ esse seu pedido, srta. Di Prima, e não tenho nota menor. Deixe-me pagar o total agora. Será menos embaraçoso. Talvez seja difícil negociarmos na presença dos amigos de minha esposa.

– Obrigada – eu disse –, e, por falar nisso, é melhor me chamar de Diane, não acha? Quer dizer, já que supostamente me conhece tão bem, e tal... – Era difícil saber com certeza na penumbra do quarto, mas eu quase poderia jurar que ele estava corando.

– Obrigado, Diane – ele disse, no tom mais cortês possível. – Por favor, me chame de Wolfgang. – Olhou para o relógio. – Minha esposa e os amigos devem chegar daqui a exatos dez minutos, então, se puder fazer a gentileza de se despir...

– Completamente?

– Se não for muito incômodo, seria melhor se despir por completo. – Houve quase uma sugestão de mesura, e ele saiu do quarto.

Tirei toda a roupa, dobrei-as e coloquei na cadeira, em uma pilha discreta. Depois, pensei melhor, tirei uma das meias da pilha e a deixei pendurada de modo visível na lateral da cadeira, que coloquei bem perto da cama – perto o suficiente para, imaginei, aparecer nas fotos. Joguei o sutiã no chão. Afinal, pensei, poderíamos dar uma pitada, só uma pitada, de realismo a tudo aquilo.

O sr. Vandenberg voltou usando um roupão. Parecia mais angustiado que nunca. Seu olhar parou por um momento no sutiã e na meia, mas ele não disse nada a respeito. Em seguida, abriu as cortinas e apertou um interruptor que controlava uma luz indireta logo acima da cama.

– Perdoe-me – ele disse –, mas eles precisarão de luz suficiente para tirar as fotos.

— É claro — murmurei, acomodando-me nos lençóis incrivelmente finos, pensando no quanto eu gostaria de tirar uma soneca.

— Importa-se — ele perguntou — se eu beber? Sinto falta de algo para acalmar meus nervos.

— De modo algum. Vá em frente.

Ele tocou um sino para chamar a empregada sueca, e ela apareceu de imediato com um copo grande de uísque com gelo. Ele olhou para o copo com tristeza.

— Não faz ideia do quanto eu e minha esposa estamos gratos por isso, srta. Di... quer dizer... Diane. As leis de divórcio neste estado são tão rigorosas... muito rigorosas mesmo.

Ele balançou a cabeça, passou a mão no chinó, deu um gole de uísque. Depois olhou para o relógio mais uma vez e sentou-se abruptamente na beira da cama.

— Desculpe — ele disse —, mas precisamos parecer mais amantes.

Ele tirou as cobertas dos meus ombros e descobriu um seio. Ajeitou de leve meu cabelo sobre o travesseiro, curvando-se de perto sobre mim, e segurou minha mão nas suas.

A porta se abriu como se esperasse a deixa. Uma bela mulher de cerca de quarenta anos parou à porta. Outras três pessoas estavam atrás dela. Ela ficou parada por um instante, como se estivesse em choque, depois se virou para o mais próximo.

— Oh! — ela disse, no tom calculado e nítido de uma atriz ruim. — Está vendo isso?

— O quê? — perguntou o interlocutor, um homem jovem, magro e nervoso de terno cor de pêssego.

— Essa mulher e Wolfgang, na *minha* cama!

Isso não era muito necessário, mas todos declararam que *estavam* vendo. Todos entraram no quarto, o último dos rapazes com uma câmera. Ele a usou. Wolfgang, que não se movera todo esse tempo, virou o perfil para a câmera. O amigo tirou outra foto. Wolfgang disse:

— Simone, minha querida, sinto muito por isso. — Simone levou o lenço ao rosto. Simone tirou o lenço do rosto. Simone pôs a mão no ombro de Wolfgang. E me encarou profundamente emocionada.

— Está convidada para o almoço — ela me disse.

— Obrigada — disse eu.

Todos saíram do quarto, e eu me levantei e comecei a me vestir, enfiando a nota novinha de cem dólares no fundo do bolso, admirada com as peculiaridades da lei.[2]

---

2 Só em 2010 o estado de Nova York aprovou o divórcio por consentimento mútuo. Até então, era preciso prova de, por exemplo, abandono, maus-tratos ou adultério. (N. E.)

Capítulo 8

Primavera na cidade

MEU APARTAMENTO FOI ENCHENDO AOS POUCOS, COMO É COMUM acontecer. Uma miscelânea – almas sem lar e sem nenhum mérito particular sobre as quais o máximo que eu poderia dizer era que não eram chatas, dormiam no chão ou na grande cama de casal comigo. Cabiam quatro na cama com conforto, e desse fato surgiram variações de relacionamento extremamente sutis em suas nuances. Lembro-me de que a certa altura havia as seguintes almas pela casa: Lauren Ruivo, Jack Jovem, Henry Orelhudo e Julie Fugitiva.

Lauren Ruivo era um rapaz de aparência (e atitude) especialmente degenerada, de vinte e poucos anos, que sentia prazer em juntar os exemplares mais jovens disponíveis da espécie humana e fazer experimentos com eles – físicos e psicológicos. Nunca o deixei dormir na minha cama. Ele revirava meu estômago. No entanto, ficou no apartamento durante mais de duas semanas porque era amigo de Jack Jovem.

Jack Jovem era muito bonito, de olhos grandes, verde--azulados, franco e gentil, mãos grandes e fortes e ótimo corpo. Era uma boa transa, gostava de transar muito e tinha quinze anos. Lembro que, na noite em que descobri sua idade, passei por muitas mudanças. Eu tinha dezoito, quase dezenove – será que estava sendo papa-anjo? Mas decidi que não estava nem aí e retornei ao que tinha nas mãos. Eu me afeiçoei muito a Jack – ele me deu a oportunidade de exercitar profundamente minhas habilidades sexuais e maternais, uma oportunidade rara neste mundo, especialmente aos dezoito.

Era como se ele tivesse nascido para foder. Ainda me lembro de como ele montava em mim, ávido e beatífico, a bela boca e o pau bem-feito que me preenchia tão bem, me tocava tão fundo e que fazia um fogo escuro se espalhar da barriga e dos quadris para os membros e a raiz dos cabelos. Ou de como ele se ajoelhava, um joelho de cada lado da minha cabeça, e descia em mim, enchendo minha boca com o pau salgado, o cheiro de bolor do cabelo, a bunda nas minhas narinas, nós dois em uma única forma geométrica cósmica, ao nos abraçarmos no escuro, e muitas vezes alguma outra jovem criatura se aninhava ao nosso lado, dormindo na cama, ou se mexia meio sonolenta, lambendo e beijando peito, flanco, bunda de um ou outro de nós, amando de forma indiscriminada quem quer que fosse, o que quer que estivesse ao alcance dele ou dela.

Uma noite em que eu e Jack Jovem chegamos de um passeio alegre e à toa de primavera no Village, encontramos Lauren sentado no corredor, ao lado da porta – eu dera uma chave a ele –, largado, meio agachado, junto de uma moleca magra, fazendo bico, com o cabelo de fada e os grandes olhos castanhos típicos. As roupas anunciavam que era da classe média do Queens; o ar assustado anunciava que era nova na cena. Deixei-os entrar, e foi assim que Julie Fugitiva foi incluída na casa. Ela dormia na cama comigo e com Jack e se juntava às nossas preliminares, às vezes, me permitindo levá-la quase à beira de um pequeno orgasmo rápido e ofegante – mas Julie Fugitiva não queria dar. Isso foi considerado um desafio pelo egocêntrico Lauren, e ele lançou mão de todos os seus enormes (segundo ele) poderes de sedução: apresentá-la a diversos points do Village, ler Freud em voz alta para ela, enchendo a cabeça da menina com sua filosofia truncada – uma espécie de mistura de Aleister Crowley e Karl Marx –, mas não teve nenhum sucesso. Julie se limitava a paixões passageiras e limitava as paixões às bichas do Village cuja homossexualidade era tão completa que ela não podia sentir a mínima ameaça em sua presença. Com elas, ela era totalmente ela mesma, travessa – uma criança entre crianças.

Não sei como ou quando Henry Orelhudo chegou. Era uma alma gentil, vaga, murmurante e um gênio da matemática – ex-aluno evadido do Laboratório de Pesquisa em Eletrônica da Universidade Columbia. Seus únicos amores eram a cocaína e a filosofia indiana, e se entregava a ambas de maneira constante, ocupando discretamente um canto vazio, uma pessoa pequena e de idade incerta de roupas velhas e inclassificáveis. Todos o amávamos – qualquer um amaria, contanto que notasse sua presença. Henry dormia onde caísse – cama e chão eram a mesma coisa para ele. Ele se enrolava facilmente em torno de qualquer um de nós e pegava no sono facilmente, embalado no ritmo de nossas transas.

Henry era pequeno, mas bem-dotado, com um pênis longo, delgado e bem desenhado e o corpo flexível. Quando usava cocaína, sua capacidade de manter a ereção era enorme. Ele podia – e de vez em quando o fazia – foder durante horas, para além do orgasmo e da possibilidade de orgasmo, a ponto de enlouquecer. Eu gostava de fazê-lo esperar, sentindo seu pau endurecer contra o meu dorso enquanto eu trepava com Jack Jovem até ele dormir. Então eu me virava de lado, saindo cuidadosamente de baixo do belo corpo de Jack, com sua pele macia e a gordurinha de criança ainda aparecendo nas coxas e no rosto, me virava para Henry, que me esperava com um sorriso enorme no rosto e a pica longa na mão.

Eu jogava uma perna sobre ele, apertando-o contra mim com o joelho em sua lombar, e todo o pau longo e flexível deslizava para dentro de mim com facilidade – minha buceta ainda escorregadia com o meu gozo e o de Jack – e balançávamos e sacudíamos juntos eternamente por todo um espectro de prazer enquanto Jack Jovem e Julie dormiam esquecidos, um de cada lado.

E assim os dias passavam tranquilamente – era uma primavera bonita e fresca, e o East Side florescia: apartamentos como o meu começavam a surgir aqui e ali, um na Seventh Street, um na East Twelfth. Um novo café, o Rienzi's, específico para a "jovem multidão boêmia", abrira na MacDougal Street: dirigido pela máfia, como os estabelecimentos italianos de café expresso, não atendia à clientela de costume da máfia. Nós todos nos sentávamos lá nas longas tardes, lendo e conhecendo melhor uns aos outros, bebericando xícaras de café de vinte e cinco centavos durante horas e desenhando em guardanapos. Inebriados pelas histórias de nossa juventude, por *Jean-Christophe* e *La Bohéme*, pensamos em fazer um jogo semelhante. Quase levamos a ideia adiante.

Teve o dia em que o Pequeno John apareceu do nada em nossa casa – alguém havia lhe dado o endereço, e ele estava doente e precisando de um lugar para ficar. Nós o colocamos na cama conosco e vimos, horrorizados, sua febre aumentar de trinta e nova para quase quarenta e um. Ele se agitou a noite toda, delirante, enquanto tomávamos xícaras de café e jogávamos xadrez, incapazes de dormir. No dia seguinte, fiz uma visita a um bom amigo, um homem mais velho chamado Glenn, que era estivador e tinha acesso a quase qualquer droga que se precisasse ou desejasse. Peguei um punhado de secobarbital e dei dois de cada vez ao ainda delirante John. Ele adormeceu. Nós todos desabamos, exaustos. E acordamos quando passou o efeito das pílulas e os delírios dele recomeçaram, e demos mais duas pílulas a ele. No dia seguinte, protuberâncias vermelhas no pescoço e na virilha anunciaram, nós concluímos (depois de ver *Entre o amor e o pecado*),[3] que ele estava com peste bubônica. Continuamos dormindo ao seu lado. Continuamos dando os barbitúricos por mais dois dias e noites, já que os nervos de todos estavam nas últimas. Na terceira manhã, Pequeno John acordou aparentemente lúcido e anunciou de modo enigmático:

— Se eu ler Baudelaire hoje de manhã, vou vomitar.

"So *nu?*",[4] pensei com impaciência em iídiche nova-iorquino e saí.

Quando voltei à tarde, lá estava John, sentado à mesa da cozinha, firme e forte.

---

3 Melodrama dirigido por Otto Preminger que se passa na Londres do século XVII assolada, entre outras coisas, por uma epidemia de peste bubônica. (N. E.)
4 Algo como: "É mesmo? E daí?". (N. E.)

– Li Baudelaire – disse ele, com um sorriso enorme – e vomitei.

E teve a tarde em que fiquei sentada com O'Reilley no Rienzi's, tomando chá de jasmim e lendo *Viagem ao Oriente*, sentindo-me *a* escritora, quando se aproximou de nossa mesa Big Jack, um garoto pardo de quase dois metros de altura com um olhar vidrado. Ele tirou as mãos dos bolsos, e vimos que seus pulsos estavam cortados, muito mal e de modo irregular.

– Meus bolsos – ele anunciou com alguma tristeza – estão cheios de sangue.

– Não tenho dúvidas – eu disse.

Nós o levamos para fora, fizemos torniquetes com guardanapos do Rienzi's, torcidos com um lápis, depois fizemos ataduras com mais guardanapos e o mandamos seguir seu caminho. Mas ele não foi longe. Estávamos comendo na taverna Minetta's, na esquina, uma ou duas horas depois, quando ele entrou chamando nossos nomes em um tom lúgubre. Demos nossa sopa a ele e o levamos para casa. O comentário de Julie Fugitiva: "Acho que estou reagindo muito bem para meu primeiro suicídio". Demos o remédio para dormir que sobrara da peste do Pequeno John. Ele adormeceu entre mim e Henry. Julie dormiu no chão porque, como ela disse: "Não quero acordar de manhã ao lado de um cadáver". Dois dias e três tentativas de suicídio depois, ele parecia um tanto recomposto. Demos um monte de comida chinesa agridoce que havia sobrado, penhoramos vários de nossos pertences e compramos uma passagem para ele. Big

Jack subiu em um ônibus e voltou para a sua gente em Worcester, Massachusetts.

Os dias ficaram mais longos. Chegaram ao máximo de duração. As mudanças começaram, as mudanças de verão em Nova York. Jack Jovem partiu para um trabalho temporário com uma companhia de teatro em algum lugar de Indiana. Lauren encontrou uma garota da sua idade e com um emprego, que queria um mágico particular, e foram morar juntos. Henry Orelhudo foi construir um barracão de estanho corrugado nos terrenos pantanosos do Brooklyn junto com dois físicos evadidos do MIT. E Julie Fugitiva voltou para casa, em Forest Hills. O'Reilley e eu permanecemos no apartamento, comendo pão Pepperidge Farm e sanduíches de gorgonzola em memória de Tomi e escrevendo em grandes cadernos de cor cinza.

Uma noite, eu caminhava pela cidade para encontrá-la no Café Montmartre (o bar favorito da estação, repleto de cantores de calipso com brinco de ouro e congas, e pintores messiânicos de barba suja e encaracolada que bebiam e fodiam com extravagância). Antes de ir para lá, eu estava procurando emprego, então usava uma saia azul e sapatos azuis de salto alto, meio com a esperança de quebrar os saltos ou pelo menos desgastá-los rápido. Um carro parou ao meu lado e começou a acompanhar meus passos lentos; uma voz que eu conhecia um pouco chamou meu nome e, quando me virei para responder, umas três vozes gritaram:

– Quer ir para o interior?

Para quem mora em Nova York, o interior é o interior. É tudo uma coisa só, sejam as Montanhas Andirondack, seja o deserto do Arizona. O interior é simplesmente o que Não É a Cidade. Significa que é possível ver o céu, provavelmente algo verde e talvez as estrelas à noite. Todo mundo em Nova York sempre quer ir para o interior, fica entediado até a alma enquanto está lá, bebe o máximo possível e expressa grande arrependimento ao voltar para a cidade. Claro que eu queria ir para o interior. Pulei direto para dentro do carro, de meia-calça, salto alto e tudo, espremida entre uma loira magra de saia navajo e um garoto com um banjo, e lá fomos nós.

Chegamos depois de escurecer a algum lugar em uma colina não muito longe do rio Hudson. Uma colina cheia de fogueiras, sons suaves de violão. Difícil saber quantas pessoas, talvez cerca de duzentas, estavam espalhadas em pequenos grupos pela paisagem.

Consegui chegar a uma fogueira, sem cobertor e gelada, e me sentei para ouvir uma voz afetuosa e amadora cantar "Spanish is a Loving Tongue". Senti um cheiro bom e intenso na brisa que reconheci como maconha – eu estivera por perto com bastante frequência, embora nunca tivesse fumado. Então um baseado grosso e mal apertado chegou às minhas mãos, e dei um trago.

Vento suave e ameno, levemente úmido e cheirando a coisas verdes. Rostos jovens à luz do fogo, corpos jovens projetando sombras longas. O jovem Bill Thompson parou de cantar por um momento e me jogou um cobertor.

– Você deve estar com frio.

Todos se juntaram em grupos de dois ou três, de calça jeans sob cobertores indígenas, mantas de crochê, sacos de dormir abertos.

A música prosseguiu: "O litoral sul é ermo e solitário". Lua minguante nascendo, quase nenhuma luz do objeto pálido no céu.

O baseado passou várias vezes. Comecei a ficar de um jeito que imaginei ser "chapada". Um foco claro e belo em cada pessoa e em cada coisa. Mãos com uma percepção intensa de textura sentindo a grama e os seixos. Contentamento e imobilidade totais e acolhedores. Examinei os rostos sombreados, respirei fundo, olhei para a lua opaca entre as árvores.

O vento parou. As pessoas começaram a cair no sono. Depois a música parou. Ergui a cabeça e vi o rosto de Billy, esculpido pela fogueira, perto do meu. Sem nenhum pensamento, meus braços o envolveram e o puxaram para o meu lado, sob o cobertor. Sem nenhum pensamento, desfiz as camadas de roupas que nos separavam. Belo corpo jovem, presença sólida, lindamente relaxado, mas ávido. Belo brilho dourado do fogo, refletido na pele dele, refletido com os tremores das sombras, belos pelos sob a luz ficando dourados.

E, deitada de lado, sem que minha boca deixasse a dele por um instante, eu o coloquei dentro de mim, peguei seu pau grande, vermelho-dourado, e fizemos amor sob as estrelas. Fizemos amor à luz da fogueira, cercados pelo calor, pelos outros casais transando ou dormindo, deliciosamente talhados e esculpidos pelas chamas. Fizemos amor e fizemos amor de novo, olfato e tato mais vivos que nunca, toda a nossa pele um único órgão tátil reluzente.

E adormecemos, sua mão grande no meu quadril, seu casaco sobre nós dois, um vento morno acariciando nossos cabelos.

Acordei com a luz azul do amanhecer, algumas aves estridentes chamando umas às outras acima da minha cabeça, uma formiga andando no meu braço. Coloquei um pé para fora do cobertor e o coloquei de volta: exceto onde ficara aquecido pelo calor dos nossos corpos, o cobertor estava frio e úmido de orvalho.

Ergui a cabeça e olhei para o garoto adormecido ao meu lado, tão diferente naquela luz azul do que parecera na escuridão enquadrada pelo brilho da fogueira. Um ótimo rosto: nariz grande, maçãs largas. Estranho ver a cor branca da sua pele e da minha, tão profundamente gravada em minha memória que estava nossa pele com o brilho dourado. Então ele abriu os olhos, de um castanho muito, muito escuro, e luminosos, deu um bom-dia feliz e simpático, e veio para cima de mim...

A manhã foi de conversa leve e mais maconha, enquanto os jovens sonolentos despertavam em pequenos grupos e saudavam uns aos outros e o dia. Os rapazes andavam com passos pesados, de calça jeans e botas, dividindo cigarros e encontrando lugares atrás de árvores para fazer xixi, enquanto as garotas se sentavam, ainda meio dentro dos sacos de dormir, vestindo suéteres e saias camponesas e trançando os cabelos longos.

Em seguida, um cheiro bom de comida passou pela colina, chegando até nós, e fomos caminhando na direção dele. Bem perto de uma pequena casa de fazenda, alguém fizera uma fogueira grande, e nela havia um caldeirão de ensopado borbulhante. O pai de Billy estava lá, mexendo e provando. Era um homem alto, magro, com cara de falcão, de quarenta e poucos anos, muito bonito e muito irlandês moreno.

Depois do café da manhã, as pessoas se espalharam para caminhar, para olhar as colinas, para ir ver o Hudson, a poucos quilômetros dali. Billy e eu ficamos com um grupo de garotos que estava indo pescar. Uma viagem curta e sacolejante nos levou a um estranho píer bambo, que se projetava no rio, onde nos sentamos, ficamos chapados e observamos as sombras das nuvens nas montanhas, vez ou outra colocando uma linha de pesca na água.

As coisas mordiam e continuavam mordendo. Eram todas enguias. Enguias eram praticamente as únicas coisas que ainda sobreviviam naquela água imunda. Ainda assim, eram um prêmio. Nós as puxamos, as vimos se debaterem e agitarem, morrendo, e quando fomos embora as carregamos em uma fronha de travesseiro.

Encontramos um bosque tranquilo e, enquanto Billy fazia uma fogueira, limpei as enguias com a faca dele, grata por minha criação italiana no Brooklyn que me familiarizara com o processo. Depois improvisamos uma espécie de grelha com salgueiro e galhos de vidoeiro e as assamos rapidamente. Comemos agachados no musgo úmido e empurramos o peixe com o vinho barato que um dos rapazes tirou do bolso de trás. Estava delicioso.

Quando voltamos ao acampamento, todos já estavam reunidos em torno de uma grande fogueira. A música já estava rolando: o banjo de Eric e o violão de doze cordas de Bob estavam em pleno andamento, e duas ou três pessoas haviam começado a tocar percussão. Deitei-me ao lado de Billy, e ele começou a cantar. Depois de algum tempo, muitas pessoas cantavam, entrou um baixo, as estrelas surgiram, e Bill Pai juntou-se a nós, sorrindo tranquilamente no escuro.

Capítulo 9

Primavera no interior

DEMOREI MUITO PARA VOLTAR PARA A CIDADE. NO DOMINGO À NOITE, quando todos se preparavam para seguir seu rumo, Billy me pediu que ficasse um pouco mais, morando com ele, e eu disse que sim. Eu nunca morara no interior antes, nunca vivera em um lugar que cultivava as próprias hortaliças e queria saber como era. Além disso, Billy e eu curtimos transar um com o outro, e eu estava escrevendo, portanto não havia motivo para ir a lugar algum. No dia seguinte, serrei os saltos dos meus sapatos e peguei emprestada uma calça jeans grande e larga de Billy, que amarrei com uma corda na cintura, e comecei a morar no campo.

Bill Pai deu-nos uma casa pequena e vazia na fazenda, só para nós dois, e isso me impressionou muito porque até então praticamente toda a minha relação com a geração mais velha tinha sido baseada em mentiras e rejeição. Bill Pai, porém, era um comunista dos anos 1930, um defensor convicto do "amor livre" e aprovava totalmente nossa postura e nós; achava que éramos bons um com o outro – além disso, gostava de me ter por perto.

Ele e Billy tinham um trabalho temporário na rodovia estadual e saíam muito cedo, para voltar por volta das cinco da tarde. Eu me levantava com Billy e ia até a cozinha da casa grande, onde adiantava o café, fritava batatas em cubos e fazia ovos e mingau de aveia para os homens. Depois que eles saíam para o trabalho, eu me vestia devagar, limpava a casa e nosso barracão, capinava um pouco o jardim, lia, escrevia, caminhava, escutava o rádio de ondas curtas de Bill Pai. O tempo passava muito rápido, e já era hora de cozinhar as batatas – cada um deles comia três batatas no jantar, e era preciso cozinhar duas para cada para o café da manhã. Enquanto as batatas cozinhavam, eu saía para o jardim e olhava as verduras e os legumes, tentando determinar quais estavam bons para o jantar, puxando uma beterraba ou cenoura duvidosas para ver se estavam prontas. Eu nunca me deparara com plantações de hortaliças em qualquer quantidade antes – nossa horta de guerra quando eu era criança no Brooklyn não ostentava nada além de tomates italianos para o molho de tomate – e muitas vezes eu não tinha certeza do que fora plantado. Cometi alguns erros vergonhosos, mas na maior parte das vezes me limitei às coisas que reconhecia – que pareciam ter aproximadamente o mesmo tamanho e a mesma cor do que eu comprava nos mercados da cidade – e de vez em quando perguntava a Bill Pai sobre algo que não reconhecia. Eu não gostava muito de fazer isso porque todas as minhas perguntas pareciam provocar gargalhadas totalmente (para mim) injustificáveis.

Além de Bill Pai e Billy, o Pequeno John (que tivera peste bubônica) também estava morando lá, e percebi que eu gostava muito de ser a mulher de três homens, limpando, remendando e cozinhando para eles. Recordando agora, acho que era porque eles pegavam tão pesado no trabalho que chegavam em casa relaxados e tranquilos, satisfeitos com a comida, com a casa, contentes em ao menos ter uma mulher por perto.

Billy e eu curtíamos fazer amor de manhã. Costumávamos acordar antes de clarear, trazidos do lugar profundo de nosso sono à superfície pelo desejo de um pelo outro, um desejo que se alimentara durante toda a noite pelo roçar e o toque suave de nossa pele enquanto dormíamos.

Nossa cama ficava abaixo da janela e, quando eu acordava primeiro, olhava para o céu para ver se a estrela da manhã estava lá. Se estivesse, eu estendia a mão e tocava o rapaz ao meu lado, a pele macia do abdômen, a curva do umbigo quando ele estava deitado de lado, minha mão deslizando por seu peito largo, meus dedos tocando os lábios entreabertos pela respiração. Ele se virava para mim, ainda dormindo, e eu o beijava, um leve tremor em meu corpo que era desejo, sonolência e o frio da umidade da manhã.

Então despertávamos, mãos grandes e quentes me seguravam, desciam pela minha lombar e me erguiam para mais perto dele. Explorávamos um ao outro com gestos lentos, flutuantes, os gestos do sono, nossos sonhos ainda diante dos olhos, o sabor deles preenchendo a boca um do outro em beijos longos, sem fim.

As pernas de Bill eram tão bonitas, eu adorava passar as mãos por suas coxas, deslizar a mão entre elas, para sentir sua bunda macia e musculosa. Depois, aos poucos, o tremor parava à medida que eu me aquecia, parava de tensionar meu corpo contra o desejo e ficava deitada, úmida e aberta, completa em minha própria vontade, e ele entrava em mim. Nós nos movíamos juntos na penumbra, movimentos longos e lentos, saboreando nosso prazer, intensificando-o pouco a pouco, deitados às vezes em ângulos retos, às vezes paralelos e lado a lado, e às vezes, brevemente, Billy ficava em cima de mim ou eu em cima dele.

Por fim, a excitação dele aumentava, ele começava a mexer cada vez mais rápido, sentava-se e me puxava para me sentar, espetada em seu pau longo e grosso, de modo que eu ficasse totalmente sentada nele, com as pernas em volta dele, os braços em torno de seu pescoço e olhando direto em seus olhos enquanto subia e descia em seu colo; auxiliada pelo movimento de suas coxas, eu gozava, caindo para a frente em seu peito, enquanto ele gemia e sacudia, enchendo-me com os sucos do seu ser.

Em seguida, ele deitava de costas, os braços em torno de mim, o pau ainda em mim, e ficávamos deitados juntos, imóveis, enquanto eu sentia os cheiros da casa velha, da madeira apodrecida, úmida, e dos odores de terra mofada, e a luz entrava lentamente no quarto.

E, muitas vezes, enquanto estávamos ali deitados, o pau mole e molhado ainda dentro de mim, eu o sentia se mover e ficar excitado novamente dentro de mim e começava a acariciar suas bolas grandes e bonitas. Sua pica saía de mim, apenas meio dura, e eu a envolvia com a boca. O gosto almiscarado da minha própria umidade e o gosto salgado e levemente amargo da porra dele se misturavam na minha boca; a ponta da minha língua buscava o pequeno orifício da pica, meus dedos em seu cu e na parte de baixo das bolas reacendiam seu desejo.

Então ele me virava e deslizava o pau úmido e escorregadio para dentro do meu cu, e os dedos para dentro da buceta, me preenchendo completamente, pressionada contra o colchão frio, embolorado, minhas mãos acima da cabeça ou para trás, afagando-o. E ele mordiscava meu pescoço e passava o nariz nele e nas costas, soltando grandes gemidos de menino, de animal, enquanto eu sentia como se fosse literalmente explodir com a completude, o desaparecimento total do meu ser sob seu incrível desejo masculino. Eu ficava com todas as fibras do corpo estremecendo e gritava na manhã calma, enquanto gozava de novo em um espasmo sem fim de liberação que me deixava oca, côncava e vazia, uma luz branca como um relâmpago explodindo no meu cérebro.

Foda-se a pílula: uma digressão

Em sua primeira viagem à cidade, Billy comprara, com constrangimento, algumas camisinhas e as usou em nossa primeira noite na choupana – e, a pedido meu, nunca mais as usou. Entendi e agradeci o pensamento que o motivou, mas elas eram um estorvo. Até então eu jamais usara qualquer tipo de contraceptivo. Na verdade, nos meus primeiros anos rodando pela cidade, nunca usei nada para evitar a gravidez e nunca engravidei. Uma espécie de carisma da juventude me sustentava.[5]

A única vez que pensei ter engravidado, com um atraso de duas semanas na menstruação, fiz uma longa caminhada no sol de rachar (era julho) com um viciado doido e ruivo chamado Ambrose, descendo a West Street, passando pelos caminhões e

---

5 Por favor, pessoal, isso não é, repito, não é um incentivo para deixar de usar camisinha agora. Flertar com a gravidez é uma coisa: ter um filho pode ser uma grande celebração da vida; flertar com a aids é outra coisa: trata-se simplesmente de atrair uma morte rápida e dolorosa. (N. A. 1988.)

pelo paralelepípedo. Chegamos a um cais e pegamos uma balsa para Jersey, onde fomos seguidos e vaiados por um grupo de garotos; compramos sanduíches de mortadela em uma delicatéssen e encontramos o cemitério da cidade, onde nos sentamos em lápides para comer e recitar Keats um para o outro. E eu estava lá, sentada em uma lápide, quando um cachorro branco enorme surgiu de repente e pôs a cabeça no meu colo feito um unicórnio em uma tapeçaria antiga, e o sangramento começou de imediato. Esse é um método de aborto que recomendo muito, embora nunca tenha ouvido falar de qualquer outra pessoa que tenha tentado, com ou sem êxito. O único porém foi que, quando chegou a hora de voltar para Manhattan, não conseguimos encontrar a balsa, e o motorista do ônibus que nos levou ao túnel do Hudson disse que a balsa não operava fazia alguns anos...

Tempos depois, após a minha mudança para uma área mais bacana da cidade, consegui um diafragma na Clínica Sanger, com muita apreensão e graças a uma mentira: disse que era casada. Então eu saía da cama me arrastando naquele apartamento gelado e ia para um cômodo que batizamos Depósito de Madeira, onde eu ficava de pé, tremendo de frio, enquanto colocava o pequeno disco de borracha no lugar. E, quando voltava para a cama, trêmula e com os pés gelados, a questão era começar tudo de novo, até chegar à paixão que tínhamos com tanta facilidade e naturalidade no início.

Bom, vocês podem se vangloriar, isso é coisa do passado, as garotas sortudas de hoje têm a pílula e podem fazer o que quiserem, são tão livres quanto os homens etc. etc. A pílula, a pílula, a pílula! Estou tão cansada de ouvir falar da pílula! Deixe-me contar algumas coisas sobre a pílula. Ela engorda, a pílula. Ela dá fome. Deixa os seios doloridos, com um ligeiro enjoo matinal; condena a mulher, que evitou a gravidez, a viver em um estado perpétuo de início de gravidez: debilitada, nauseada e propensa a cair no choro. E – ironia suprema – deixa a mulher, que finalmente alcançou a liberdade total para transar, muito menos propensa a transar, diminuindo o desejo sexual. A pílula já cansou.

E aí existe o pequeno e engenhoso artefato chamado DIU – dispositivo intrauterino. Uma molinha estranha de plástico que prendem no seu útero. Por que não? O princípio no qual seu funcionamento (eles acham) se baseia é que ele deixa o útero frenético, tentando se livrar dele, e tudo dentro de você acontece muito mais rápido: o óvulo mensal passa pelo seu sistema em duas ou três horas em vez de dias. Apenas algumas coisas erradas com o DIU: câimbras, sangramento intermitente, um estado geral de tensão. Ele também tem o hábito de perambular e pode ir parar em praticamente qualquer lugar ou não aparecer. Há duas cordas presas ao aparelhinho inteligente e saindo pelo colo do útero, e você deve verificar, cutucando a vagina, para ver se as cordas ainda estão ali. Ninguém havia me dito o que fazer caso não estivessem. Além disso, uma vez que o DIU permite à natureza uma estreita margem de funcionamento, existem algumas horas em que você *pode* engravidar e, se você vai engravidar, imagino que provavelmente será nessas horas. Uma enfermeira me contou de um parto em que havia uma mola encaixada dentro da placenta.

E aí? O que nos resta? Resta o antiquado diafragma, e todos sabemos o estorvo que é, e os quase tão antigos cremes e espumas, que aparentemente podem ser usados *sem* o diafragma, e funcionam por apenas vinte a trinta minutos após a inserção, o que significa que você tem de ir bem rápido, de olho no relógio. Eles também *pingam*, escorrem e são inacreditavelmente pegajosos, acrescentando à pegajosidade natural e prazerosa do sexo uma textura e um sabor químicos, dos quais, imagino, a pessoa poderia aprender a gostar, mas que são, no mínimo, um pouco desagradáveis para os não iniciados. E você se levanta e, se *ele* conseguir levantar o dele de novo, você insere um pouco mais de espuma em toda a gosma grudenta dentro de você. Medieval, eu diria.

Ou nos resta ter bebês. Ter bebês tem certas vantagens, que não podem ser negadas. Uma é que você não tem de fazer nada a respeito – quando quer transar, vai e transa. Nada pegajoso, nada que gere tensão. Se engravidar, o desconforto do início da gestação tende a durar apenas de dois a três meses – ao passo que com a pílula ele dura para sempre. A gravidez sempre me faz querer transar mais também, e eu curto mais. E, naqueles últimos meses, somam-se os deleites da inventividade, e muitas novas alegrias são descobertas. Quanto a dar à luz, ter um bebê é uma questão de se deitar e tê-lo. Depois do primeiro, nada pode ser mais fácil se você esquecer as regras: esqueça médicos, hospitais, enemas, depilação de pelos públicos, esqueça o estoicismo e o "parto sem dor" – simplesmente berre e empurre o troço para fora. Demora menos tempo, dá menos trabalho e preocupação do que qualquer um dos chamados "métodos modernos de contracepção". E para sustentar a criatura? Receba auxílio do governo, pare de trabalhar, fique em casa, fique chapada e faça sexo.

***

Ser a mulher de três homens foi uma viagem interessante. Bill Pai estava de olho em mim, mas eu o evitei por um tempo. Eu não sabia como Billy iria se sentir se eu transasse com seu pai, e eu gostava demais dele para estragar tudo.

Finalmente ficamos juntos um fim de semana em que Billy e o Pequeno John saíram para uma caminhada de dois dias. Depois da janta, Bill Pai simplesmente se sentou ao meu lado no sofá e começou a abrir minha camisa. Sua atitude planejada e autoconfiante deu a impressão de coerção, e o cheiro masculino do seu corpo – suor, terra e tabaco – me excitou de uma forma tremenda. Com exceção do estupro cometido por Serge Klebert, eu nunca tivera relações com um homem mais velho, e foi uma surpresa agradável. O corpo de Bill Pai era magro e duro, os músculos eram bem definidos, como aço sob a pele macia e móvel. O cacete, quando o tirei de sua calça de trabalho, era mais delgado que o de Billy, mas ligeiramente mais longo. Tinha um ar gentil, sofisticado, como se tivesse extraído sabedoria de todas as bucetas em que entrara. Havia uma competência e uma força em seus dedos longos ao me segurar, uma habilidade e uma compreensão nos lábios em meus peitos que eram reconfortantes e deliciosas. Eu estava prestes a embarcar em uma viagem com um marinheiro experiente, que conhecia a jornada e cada mudança do vento. Ele me fez perceber minha juventude e falta de jeito e vê-las como algo precioso, não tão fácil de lidar.

Passamos uma bela noite no sofá, trepando e cochilando até amanhecer. Em seguida, quando clareou, seguimos sonolentos, cada um para a sua cama para dormir algumas horas.

Ainda havia a situação com o Pequeno John. Éramos muito parecidos em nossa pequenez, energia e obstinação para interessarmos um ao outro. Embora tenhamos tentado uma ou duas vezes de maneira experimental à tarde, quando Bill Pai e Billy estavam fora, trabalhando, e John ainda não conseguira o emprego na equipe deles, nunca chegamos a lugar algum e nunca pensamos muito a respeito, fosse como fosse.

À noite, nós quatro ouvíamos o que se passava no mundo pelo rádio de ondas curtas de Bill Pai – o mundo externo que parecia tão distante da nossa casa de fazenda, mas que de repente se agigantava: próximo, traiçoeiro e ameaçador, assim que virávamos o botão. Ou jogávamos xadrez, ou líamos peças juntos. Bill Pai gostava muito de teatro amador, e sua ideia de passatempo para noites no campo era fazer leituras dramáticas. Ele tinha uma boa voz e se saía muito bem: Shakespeare ou Brecht, achava Cocteau frágil demais, bradava as falas para nós, enquanto milhares de insetos batiam nas telas, atraídos por nossas luzes acesas até tarde.

Sim, era bom ser a garota de três homens, e cada um em sua própria viagem, cada um querendo algo diferente do mundo, e a interação, como uma foto com tripla exposição, criava um espaço infinito. Desde então penso que geralmente é uma coisa boa ser a mulher de muitos homens ao mesmo tempo, ou ser uma entre muitas mulheres na vida de um homem, ou ser uma entre muitas mulheres em uma casa com muitos homens, e a situação entre todos, cambiante e ambígua. O que não é bom, o que é claustrofóbico e embotador, é o relacionamento normal entre duas pessoas. Tudo bem por um fim de semana ou por um mês nas montanhas, mas não por um tempo longo, não quando os dois disserem a si mesmos que essa será a forma da sua vida. Aí começam as reivindicações sem fim, os malabarismos para evitar a monotonia e a limitação lenta e inexorável do horizonte infinito de Deus, como as paredes em brasa e cada vez mais apertadas de "O poço e o pêndulo", de Poe, paredes que se aproximam de modo inexorável e sufocam o mundo.

Na Idade Média, havia o cinto de castidade – mas isso ao menos podia ser resolvido, com uma serra, em último caso. Nos tempos dos nossos pais, havia o casamento, ainda há de vez em quando, e isso é ruim o bastante, mas se trata de uma forma legal e pode ser resolvida com mais do mesmo, mais papéis. É desagradável, mas é apenas uma das formas do monstro. O verdadeiro horror, o pesadelo em que a maioria de nós está passando a vida adulta, é a convicção insidiosa e arraigada no mundo de relações entre duas pessoas apenas. O mundo do "esse é o meu homem". Viva com um único homem, e você passa a ter uma reclamação contra ele. Viva com cinco, e você tem a mesma reclamação, mas ela é difusa, ambígua, indefinida. O que não é preenchido por um será facilmente preenchido por outro, ninguém é condenado como culpado ou inadequado, ninguém é colocado contra a parede pelas exigências que não consegue cumprir.

Lembro-me de ter lido nos livros daquela grande exploradora, Alexandra David-Neel, que no Tibet tanto a poliandria como a poligamia já foram praticadas livremente. Adoraria conhecer melhor essa estrutura social, como funcionava, como faziam para que desse certo, quem vivia com quem. Nas fotos, as mulheres são criaturas bonitas, fortes, livres, suficientes para si mesmas. Li que eram donas de terras e de negócios como os homens; e os homens – bem, os homens e as mulheres juntos – criaram uma das mágicas mais loucas que este planeta já testemunhou.

Nós prosperamos em nossa fazenda no rio Hudson, funcionávamos uns para os outros. Bill Pai cuidava da minha cabeça – sua generosidade e estabilidade, sua segurança, faziam-me sentir bem e protegida, como nunca me sentira antes; a cortesia com que me tratava me fazia sentir-me bonita. Billy era amante e companheiro, nós combinávamos: eu conseguia ficar bem com ele, caminhando, fumando maconha, transando. Minha força vital era compatível com a dele. E o Pequeno John era irmão e amigo. Eu ouvia minha paranoia ecoar na cabeça dele; ele via seus segredos esclarecidos em meus poemas. Muitas partidas de xadrez terminavam empatadas entre nós.

Era uma vida diferente de qualquer uma de que eu tivera conhecimento: o sossego daqueles longos crepúsculos, quando passávamos a erva na roda e murmurávamos frases lacônicas e afetuosas uns aos outros na sala de estar simples e sem graça com o sofá gasto e as cadeiras de pernas grossas. Billy às vezes cantava para nós. Bill Pai rememorava, contando casos sobre Woody Guthrie ou relatando as fraudes em Nova York na época da guerra, colocando-nos a par. O Pequeno John rabiscava em cadernos, roía unhas pelos cantos. Fiquei acostumada com o ritmo lento e cadenciado dos meus dias, e por um tempo me pareceu que eu nunca conhecera qualquer outro ritmo a não ser aquele, atemporal, com os jardins colorindo os dias de verde e os lampiões colorindo as noites de dourado. Eu me perdi no meu recém-descoberto papel de mulher, na posição definida pelo meu sexo: o assar e o remendar, o cuidado maternal e o sexo, os papéis femininos nas peças – e eu estava satisfeita.

Mas, aos poucos, de maneira imperceptível, os dias começaram a ficar mais curtos, a grama ficou marrom e, com os primeiros grilos, veio uma inquietude, a falta do combate rápido e da vida dura da cidade, do jogo, da briga e da inesgotável troca humana que era Nova York para mim então. Eu me pegava esperando ouvir o trânsito ou "Bird" tocando ao fundo na vitrola barata do apartamento ao lado, e vi que era hora de ir. Então me despedi de Billy por ora – ele voltaria a Nova York no outono –, devolvi sua calça Levis larga e vesti minha saia e blusa de escritório. Bill Pai me levou de carro até a rodoviária, e em uma hora eu estava de volta a Nova York.

Capítulo 10

Verão

VOCÊ NUNCA *VOLTA* DE FATO PARA NADA, MAS REALMENTE LEVA MUIto tempo para entender isso...

Quando desci do ônibus na 40th Street com a Eighth Avenue, foi como chegar a um porto estrangeiro. A cidade, tropical e fumegante, ressoava música: violões, gaitas, uma ou outra buzina, rádios, crianças brincando no escuro, mulheres conversando nas calçadas ou nos degraus ou chamando umas às outras pela janela. A noite estava carregada de violência e luxúria, e os homens pequenos e obscuros espreitavam suavemente. Estava a um universo de distância do mundo de batatas cozidas e obras nas estradas que eu deixara havia apenas uma hora e meia e, no entanto, era o mesmo mundo, exatamente o mesmo – só que amontoado e visto no escuro.

No centro, as ruas estavam repletas de jovens que haviam chegado ao Village durante os meses de verão. Era possível ouvir os tambores da Washington Square e, ao entrar no meio da multidão em torno da fonte, era possível ver os rapazes descalços e nus até a cintura, e as moças puxando a saia para cima, batendo os pés e dançando juntas na noite intensa.

Eu não tinha bagagem nem apartamento. O apartamento fora perdido por falta de pagamento do aluguel enquanto eu estava fora, e O'Reilley levara minhas "coisas" – a maioria, livros – para um apartamento na West Tenth Street, onde morava um dançarino e michê chamado René Strauss. Juntei-me ao pessoal na fonte, cantando, batendo palma, cumprimentando amigos e conhecidos, ouvindo as novidades. Por fim, a multidão se dispersou, todos os músicos foram para casa, e eu segui para o apartamento de René.

Passei os dias seguintes reconhecendo a cena. A cidade estava muito cheia. Simplesmente não havia apartamentos disponíveis, e, em vez de me incomodar, passei a dormir no parque.

Naquela época, não havia nenhuma lei que limitasse o direito de acesso do cidadão aos parques públicos, não havia toques de recolher em vigor. Às duas da madrugada, a Washington Square geralmente estava livre da multidão habitual: cantores de folk, bichas e garotinhas de Nova Jersey em busca de aventura, e eu me esticava nos degraus da fonte e dormia tranquilamente até depois de amanhecer, quando um homem do Departamento de Parques vinha com uma grande vassoura e me acordava. Ele varria a minha cama e ia embora, e eu e a outra meia dúzia de pessoas, todos totalmente desconhecidos, que dividiam aquele pedaço, cumprimentávamos uns aos outros meio zonzos e voltávamos a dormir até umas dez horas, quando as pessoas começavam a chegar.

Havia um grupo frequente de cerca de oito pessoas dormindo lá, sendo que de quatro a seis dessas oito estavam lá toda noite, e passamos a nos conhecer muito bem, em termos de temperamentos, hábitos e auras, mas nunca nos falávamos. Havia na época alguma coisa na intimidade do espaço compartilhado e na impassibilidade como regra de elegância que teria tornado inapropriado que nos conhecêssemos pelo nome ou que tivéssemos qualquer outra coisa a dizer que não o cumprimento matinal mínimo. Teria sido uma invasão preencher o território e a cabeça uns dos outros com tagarelices e conversas, e a inevitável revelação de nossa vida emocional teria destruído o espaço que a indiferença da cidade dava a todos, seu presente mais precioso.

Às dez, eu me levantava, me espreguiçava, olhava ao redor e lia por cerca de uma hora, até estar completamente desperta. Em seguida, depois de enfiar todos os meus acessórios na pasta que servia de casa portátil e continha uma capa de chuva, uma escova de dente, cadernos, canetas e uma troca de roupa íntima, eu pegava tudo e partia para a lavanderia chinesa na Waverly Place. Eu guardava lá todas as minhas roupas com bilhetes separados: uma calça e uma camisa em cada bilhete. Eu retirava o equivalente a um bilhete e, carregando a pasta e o pacote de roupas, caminhava até o Rienzi's, que abria às onze, e pedia um café da manhã, geralmente algum doce e um café expresso, embora de vez em quando fizesse uma extravagância e comesse ovos e muffins ingleses, ou até salsichas e bacon. Enquanto o pedido era preparado, eu ia ao banheiro, que ficava escondido no andar de baixo, descendo uma escada úmida e fétida com paredes gotejantes e passando por um corredor saído de *O Conde de Monte Cristo* até chegar a um banheiro minúsculo, abarrotado, felizmente meio limpo, onde eu lavava o rosto, os pés e as mãos, escovava os dentes e trocava de roupa; depois enfiava as roupas sujas em uma sacola de papel que eu carregava na pasta com esse propósito. Em seguida, passava uma escova no cabelo e o prendia e, sentindo-me vagamente humana, subia a escada e tomava o café da manhã.

É um grande prazer sentar-se em um lugar calmo e não muito cheio, tomando um café bom e forte e lendo, enquanto amigos entram e saem, a manhã chega ao fim, e você escreve palavras soltas em um caderno. Eu ficava o quanto quisesse, geralmente algumas horas, finalmente saindo para o meu "trabalho" da tarde. O homem para quem Duncan Sinclair estava vendendo suas fotos, um verdadeiro magnata da pornografia chamado Nelson Swan, havia falido, e esse mercado esfriou por um momento, mas eu achei mais simples e mais prazeroso, ainda que menos lucrativo, trabalhar para um dos pintores mais antigos na cena – pintores que eram uma ou duas gerações mais velhos que os expressionistas abstratos e que ainda usavam modelos.

Eram pessoas gentis e simpáticas que atingiram a maioridade durante a Depressão e passaram a pintar o que nos anos 1930 era conhecido como "realismo social" – pessoas com a percepção triste e perturbadora de que o mundo mudara depois do tempo delas e uma determinação persistente e bem-intencionada de descobrir em que consistia a mudança. A maioria delas estava perto da Washington Square, e eu ia andando até o estúdio em que me esperavam, parando no caminho para deixar a sacola com as roupas do dia anterior na lavanderia chinesa. Eu ficava sentada em um banco alto ou reclinada em um sofá no estúdio de Moses Soyer, enquanto sua esposa entrava e saía, tagarelando, e Moses me contava fofocas sobre suas outras modelos: quem ia ter neném, quem ia para São Francisco, e quase era possível se ver naquele mundo perturbado e perturbador de Paris no século XIX, vendo de relance os rostos ousados e chamativos de *La Bohème*. O dinheiro que eu recebia por duas horas de trabalho como modelo era suficiente para o jantar e o café da manhã seguinte, e para lavar e secar mais uma troca de roupa. E, como não tinha outras necessidades, eu me considerava bem rica.

Após certo tempo, alguns luxos foram acrescentados a essa rotina: conheci Victor Romero, um jovem fotógrafo que tinha um emprego e me deu uma chave do seu apartamento, que tinha chuveiro. E, vez ou outra, eu fazia dois trabalhos em um dia e levava René ou O'Reilley para jantar. Também arrumei um cartão da Biblioteca Pública de Nova York, o que fez minha leitura variar consideravelmente.

Então um dia fui até a livraria Quixote na MacDougal Street, e o proprietário, Norman Verne, me ofereceu um emprego: ele e a esposa, Gypsy, queriam fazer canoagem nos lagos canadenses por um mês e perguntaram se eu gostaria de administrar a livraria. A loja tinha uma cozinha nos fundos, completa com fogão e geladeira, e havia uma cama dobrável para montar no cômodo dos fundos, onde era possível dormir com relativo luxo. As chuvas e tempestades do final de agosto haviam começado, e o parque não estava mais tão agradável nem conveniente quanto antes, então aceitei, dei um aviso prévio de alguns dias a todos os meus pintores e me mudei, com pasta e tudo, quando Norm e Gypsy partiram.

Depois que eles se foram, descobri que a loja também vinha com um viciado embutido: um garoto loiro de aparência fantasmagórica, muito bonito, chamado Luke Taylor, que tocava um blues pesado no violão e injetava muita heroína – "cavalo", como chamávamos na época. Eu vira Luke na cena havia algum tempo – ele costumava frequentar as "festas do aluguel"[6] aos sábados à noite, que aconteciam em um loft entre a Twentieth Street e a Seventh Avenue – e me interessei por ele desde a primeira vez que o ouvi cantar. Era algo na aparência supercool, deteriorada: o nariz achatado, quebrado, os olhos verdes caídos, o rosto magro e seco de viciado com a boca murcha – o misto de faminto e amargo – me pegaram de jeito, e senti vontade de tocar, acariciar, aquecer de alguma forma aquela pele fria. Fiquei apaixonada por Luke naquela época e por algum tempo mais.

Na primeira noite em que eu estava tomando conta da livraria – ela abria por volta das quatro da tarde e ficava aberta até meia-noite para atender a turistas –, eu estava parada à porta, vendo a cena na MacDougal Street. O clima no Village estava mais pesado depois de passado o verão. Era um daqueles anos no meio da década de 1950 em que os italianos que moravam abaixo da Bleecker Street, cada vez mais tensos com o enorme fluxo de "novos boêmios" (o termo "beatnik" ainda não fora criado), começavam a retaliar com invasões e pilhagens no que considerávamos tradicionalmente nosso território: as ruas ao norte da Bleecker. Para ser justa, deve-se admitir que estávamos invadindo, mudando para a área deles em massa. Muitos apartamentos novos na Sullivan Street, na Thompson Street etc. tinham sido abertos para nós pelos magnatas do mercado imobiliário. Eram baratos, convenientes para a cena do Village, e ficavam no coração do bairro italiano. Neles entravam ban-

---

6 No original, *rent parties*: festas em que inquilinos contratavam músicos para tocar e passar o chapéu, com o intuito de arrecadarem dinheiro para pagar o aluguel. (N. E.)

dos desatentos de garotos e garotas do novo Village: homens que usavam sandálias ou ficavam descalços, e às vezes usavam joias, garotas que gostavam de maquiagem pesada nos olhos e moravam com vários homens, totalmente bichas, e – o pior de todos os crimes para a mentalidade do gueto italiano – casais de raças mistas.

A polícia era administrada pela Tammany Hall,[7] que era o centro da área italiana do Village, e, portanto, tendia a ignorar as travessuras da juventude italiana. Dois dias antes, eu estava na Washington Square e vi um carro de polícia passar lentamente pelo quarteirão e se afastar, enquanto cerca de vinte rapazes perseguiam François, um garoto tranquilo, mulato, de pele parda, das Bahamas, até o interior de um prédio em obras. Os vinte brucutus ficaram correndo no terreno vazio ao lado, berrando obscenidades, com medo de entrar no prédio, até alguém começar e todos gritarem juntos: "Pega o cano! Pega o cano!". O carro da polícia se afastou discretamente ao som dos gritos sanguinários, sem olhar para trás nem uma vez sequer. François, que eu conhecia um pouco, transava com Linda, uma garota bonita, branca, de uns dezesseis anos, desde que chegara ao Village no começo do verão.

Nessa noite em particular, eu estava nos degraus da minha nova loja e vi três jovens bichas serem espancadas por seus irmãos italianos. Um passatempo que não era raro à noite. Havia uma brisa fresca, e muitas pessoas estavam nas ruas aproveitando o ar agradável do verão. Os rapazes entraram abaixados em um corredor a duas portas de mim. Brigas e gritos. A polícia

---

7 Organização populista e corrupta ligada ao Partido Democrata que dominou a política nova-iorquina durante mais de um século. (N. E.)

parou. Entraram no prédio com bravura, prenderam os três gays e foram embora. Cerca de três minutos depois, os jovens machinhos saíram do prédio e continuaram o passeio pelo quarteirão.

Alguém entrou na loja e pediu *Vestal Lady on Brattle*, o primeiro livro de Gregory Corso, que acabara de ser editado pela Cambridge. Não havia "poesia beat" ainda, era apenas mais um livro de poesia. Depois que o cliente saiu, sentei nos degraus para ler um exemplar. Eu estava absorta pela beleza peculiar da mente de Gregory quando Luke apareceu, segurando o violão.

— Onde está Norm? — ele perguntou com rouquidão. Sua voz estava sempre rouca, era pouco mais que um sussurro, com aquela aspereza peculiar da heroína.

— Foi viajar — eu disse — por quatro semanas. Foi acampar com Gypsy no Canadá.

Luke murmurou alguma obscenidade, começou a sair, voltou e se sentou ao meu lado nos degraus de metal.

— Você está cuidando da loja? — ele perguntou.

Fiz que sim.

— Vai dormir aqui? — ele persistiu, aproximando-se do que tinha em mente.

Respondi com a cabeça de novo. Estava súper na minha.

– Ah... – ele disse. Ficou em silêncio por alguns minutos, e observamos a rua.

Então ele disse:

– Eu estava morando aqui nos fundos. Norm não contou?

Norm não me contara nada – ou porque quisesse dar um tempo de Luke e esperava que eu fosse me livrar dele, ou por qualquer outra razão; eu não sabia.

– Não – eu disse. Fiquei muito surpresa. Uma das coisas que eu estava realmente esperando com ansiedade era ter aquela combinação de cozinha e quarto só para mim, e cozinhar algumas coisinhas, passar o tempo, usar o aparelho de som: brincar de casinha, exatamente como se fosse minha e somente minha. Depois de ficar nas ruas por um tempo, morar sozinha se transforma no luxo máximo.

Eu estava em silêncio, mas Luke, tive certeza, podia ouvir meu pensamento, com aquela telepatia que as pessoas desenvolvem quando ficam continuamente à mercê dos outros.

Olhei para ele de relance e, pelo canto do olho, me senti solidária. Eu queria tocar aqueles dedos magros, longos, sujos – mãos belamente articuladas com as unhas roídas sem pena. Uma pontada de desejo correu feito um relâmpago pela minha virilha.

– Não, eu não sabia que você estava ficando aqui – eu disse em um tom suave –, mas, se quiser, acho que ainda pode.

Quer dizer... podemos dar um jeito de cabermos os dois. – Não olhei para ele. – Por que não vai lá nos fundos e encosta a guitarra?

– É – ele disse, eu o olhei nos olhos, e ele deu um sorriso. – Sim, obrigado. Tudo o que eu quero fazer neste momento é apagar.

Fui com ele e o ajudei a montar a cama, e ele se largou nela, recusando cobertores e comida e, num instante, dormiu profundamente.

A rua escureceu, algumas pessoas entraram e compraram livros. Eu li o restante de *Vestal Lady on Brattle,* mas o tempo todo minha cabeça estava no quarto dos fundos com Luke, antecipando a noite. Senti como se alguém tivesse colocado um presente raro em minhas mãos.

Finalmente deu meia-noite, tranquei a porta da frente e apaguei a luz na frente da loja. Espiei nos fundos, e Luke ainda dormia profundamente, então decidi sair e passear um pouco. A rua estava em um silêncio extraordinário e, depois de checar a cena no Rienzi's e no Limelight, percebi que não havia jantado e estava com muita fome, e que Luke provavelmente também estaria com muita fome quando acordasse. Havia um empório na Seventh Avenue que ficava aberto a noite toda, então comprei lá panquecas de batata congeladas, potes de molho de maçã e cocas para uma refeição de madrugada.

Quando voltei à loja na MacDougal Street eram cerca de três da madrugada. Entrei e fui tateando até o estreito quarto dos fundos sem acender nenhuma luz. Encontrei a geladeira e coloquei a sacola de comida lá dentro sem desempacotar. A luz da geladeira incidiu sobre o rosto de Luke, e ele se mexeu e entreabriu os olhos. Já estava acordado havia algum tempo, imaginei, porque o amplificador do aparelho de som emitia uma luz laranja no escuro. Eu o desliguei e tirei a roupa, com uma consciência terrível da presença de Luke, acordado e em silêncio no escuro.

Encontrei um cobertor, enrolei-me nele e me deitei ao seu lado na cama, sentindo seu leve movimento para dar espaço para mim, sentindo seu corpo duro e tenso ao lado do meu no escuro, suas roupas e meu cobertor entre nós. Ele passou a mão no meu rosto e pescoço, terminando com um aperto fraternal no ombro.

— Você está bem? — murmurou. — Tem espaço suficiente? Porque eu posso dormir no chão.

— Não — eu disse —, estou bem. E você?

— Ok — sussurrou. — Estou bem mesmo, acho. — Pude sentir seu sorriso no escuro.

Eu devo ter cochilado porque, quando abri os olhos de novo, estava claro, com a luz cinza que antecede o amanhecer, e Luke, estendido de lado, apoiado no cotovelo, queixo na mão, olhava para mim.

Ele sorriu quando abri os olhos.

— Não consegue dormir? — perguntei.

– Dormi o suficiente, acho. – E ele se curvou, eu me ergui, e estávamos nos beijando.

Minha timidez com Luke – a timidez que sempre sinto quando estou realmente interessada em alguém – desaparecera enquanto eu dormia. Nosso beijo não parava, pareceu que a escuridão estava de volta, e minhas mãos tatearam no escuro para retirar as roupas que escondiam de mim aquele corpo magro e tenso. Ele usava uma camisa vermelha e preta de flanela, e eu a desabotoei às cegas, tirando-a, lambendo e beijando seu peito. Mas quando comecei a baixar o zíper da braguilha, ele pegou minhas mãos e as segurou.

– Ei – ele disse em um tom suave –, ei. – Ele retirou o cobertor que estava em volta de mim, empurrou o cabelo que estava sobre meu rosto e começou a passar o nariz nos meus seios e acariciar meus quadris.

Olhei para os dedos finos e sujos no meu ombro, estavam tremendo. Eu os cobri com os meus e os puxei para o meu peito, segurando-os com uma pressão firme e acolhedora até o tremor parar e depois puxei sua mão até minha buceta. Seus dedos se fecharam sobre ela, pressionando o clitóris e abrindo, mas não entraram, e eu fui deixada com uma leve sensação acalorada de desejo aliviado, mas não satisfeito. Deslizei as mãos por seus ombros e o puxei para mim, beijando sem parar aquela boca fina, sedenta, absorvendo o amargor e a mágoa, o gosto enjoativo de manhãs solitárias e intermináveis em crise de abstinência, e de raiva e frieza que eram traduzidas em introspecção ou timidez.

A mão dele apertou minha buceta, e a outra passou em volta e por baixo da minha cintura e me manteve perto. Beijei suas pálpebras, a pele sobre os olhos fechados, a ponta do nariz. Chupei suas sobrancelhas, passando os lábios nas têmporas e no côncavo do rosto magro. Minhas mãos deslizaram para dentro de sua calça jeans, e ele me soltou pelo tempo de tirá-la, e minhas palmas ficaram curvas contra os côncavos de sua bunda magra. Minha mão direita desceu, um dedo afundou em seu cu, os outros acariciando a pele atrás do saco. Senti seu pau crescer contra a pele macia da minha barriga. Minha buceta convulsionou em um espasmo que me deixou molhada e ardendo de desejo.

A mão de Luke se agitou contra mim, e ele enfiou dois dedos fundo na minha buceta molhada, com movimentos longos e certeiros, devagar e pesado como os blues que tocava. Um gemido me escapou, e comecei a me mover no ritmo preliminar do orgasmo, mas eu queria prolongar o momento, sugar o suco e a essência, o tutano e a alma daquele homem que eu desejara por tanto tempo. Então me mexi de leve, de modo quase imperceptível; meu desejo crescente perdeu um pouco a intensidade, as névoas clarearam por um momento.

Meu dedo em seu cu começou a girar devagar, movendo-se em círculos cada vez maiores, e os dedos que o acariciavam encontraram as bolas e as afagaram com um toque bem leve e delicado. Passei a mão que estava livre entre a barriga dele e a minha e envolvi seu pau com os dedos. Senti como se eu estivesse desmaiando.

Uma sensação de entrega total tomou conta de mim, eu sabia que pertencia a ele por completo, ao seu desejo e à sua magia. Eu queria que ele me marcasse de forma permanente com algo que me proclamasse como sendo dele, que me penetrasse por todos os orifícios de uma vez, que me deixasse completamente gasta, consumida, exausta como eu nunca estivera, enquanto eu sentisse a paz finalmente crescer dentro dele, e eu me tornasse o solo devorado para alimentar as pequenas sementes enterradas de sua alegria. Toda a minha carne parecia derreter, transformando-se na dele à medida que minha mão subia e descia em seu pau enorme, rígido, e ele, adivinhando algo dos meus pensamentos, cravou os dentes no meu ombro, tirando sangue, com uma dor que era o próprio êxtase.

Depois ele ficou em cima de mim, joguei as pernas sobre seus ombros, enquanto suas mãos nos meus ombros me puxavam para mais perto, e pude sentir as paredes da minha buceta se esticarem para conter o pau enorme que me preenchia até quase estourar. Eu mal podia suportar, e meus gritos de dor e êxtase encheram o quartinho abarrotado, minha cabeça virava de um lado para o outro da pequena cama, e minhas mãos na sua bunda o puxavam para mim repetidas vezes, enquanto ele investia com golpes ferozes, intensos, que pareciam penetrar o centro do meu ser. Quando gozei, em um imenso transbordamento explosivo de luz, senti como se tivesse de morrer literalmente, como se minha carne não pudesse conter a corrente que passava por ela, e ouvi uma voz que, percebi, tinha de ser a minha, enchendo o quarto com gritos curtos e penetrantes de animal, enquanto eu deslizava para a escuridão.

O estrondo das ondas diminuiu aos poucos, deixando-me largada em uma praia branca, em uma luz branca ofuscante. Abri os olhos e vi os olhos verdes e puxados de Luke, vidrados e distantes. Fiquei observando por muito tempo até o brilho de consciência humana voltar a eles lentamente. Os lábios se moveram de modo vago.

– Nossa – ele disse com a voz rouca, em seu tom indistinto. – Nossa, acho que eu te amo.

– Calma – eu disse –, silêncio – e puxei sua cabeça contra meu peito. Porque nomear era diminuir.

Ficamos deitados por muito tempo sem nos mover. A luz do sol se derramou em vão no quartinho sórdido, insistindo que era dia, que aquele era o quarto dos fundos, empoeirado e bagunçado, de uma livraria do Village; que nós éramos, na verdade, duas criaturas humanas bastante jovens, bastante vulneráveis em uma desconfortável cama de montar. Nós dois éramos uma semente, um núcleo, alojado na escuridão, em uma casca dura, sombria e lisa por dentro, cujo exterior felpudo nos amortecia do som e do movimento. Nós dois, uma semente, aninhados juntos em nosso calor germinativo até que os longos dedos de luz e vento nos encontrassem e nos persuadissem a voltar a ser.

"Energia pré-matéria", pensei entre sonhos, pensando em Reich, e percebi que finalmente eu havia sido tocada, penetrada de verdade, que havia um núcleo escuro de mistério em nosso encontro que eu nunca compreenderia.

Ficamos ali deitados pelo máximo de tempo possível, a princípio esquecidos de tudo o que não fosse o outro, e depois tentando não nos afetar pelo barulho do trânsito, o agito do exterior, o sol cada vez mais quente que entrava pela janela dos fundos da loja. Estávamos com fome e tínhamos de ir ao banheiro, mas, toda vez que um dos dois experimentava mexer um membro, o outro o prendia com força e puxava para mais perto.

Por fim, a fome venceu e, com um rápido movimento, deslizei para fora dos braços de Luke, me levantei e fui até a geladeira e o estoque de guloseimas. Comecei a preparar o café e estava abrindo o pacote de panquecas de batata congeladas, cortando a embalagem colorida de plástico com a ponta de uma faca, quando Luke se aproximou por trás e envolveu minha cintura com os braços, e pude sentir seu pau duro e cheio batendo na minha bunda. Ele não disse nada, só me puxou contra seu corpo e para cima com força, com aqueles braços magros e tensos, e tentou colocar o pau entre as minhas nádegas, no cu.

Fiquei mole com seu toque, derretendo contra ele, encaixando meu corpo no dele, e, quando percebi o que ele queria, dobrei a cintura, inclinando-me sobre a mesa para ajudá-lo a entrar. Mas eu estava apertada demais; ele me puxou para fora da mesa e, quando me dei conta, estava estirada no chão, de bruços, com Luke sentado em mim. Ele deve ter alcançado o óleo da mesa, porque passava as mãos sobre minha bunda e no meu cu, e estavam cobertas de óleo. Quando seus dedos magros e poderosos entraram em meu ânus, eu gritei, quase desmaiei com um prazer que era, ao mesmo tempo, um anseio não aplacado, um desejo ardente que eu sentia de algum modo que jamais seria satisfeito. Então ele me puxou, erguendo minhas cadeiras, enquanto seu pau grande e cheio entrava em mim. Ele entrou por completo em mim, com a mão na buceta, pressionada contra o chão duro e arenoso, a boca fina chupando e mordiscando meus ombros.

Quando bati no chão pela primeira vez, eu colocara as mãos sob a cabeça para proteger o rosto das tábuas sujas do chão, mas meu desejo de tocá-lo, de acariciá-lo do jeito que desse, era grande demais para mim, e, mesmo quando ele se chocava contra mim, e eu raspava no linóleo gasto no ritmo cada vez mais intenso do apetite dele, minhas mãos foram acariciar suas laterais, sua bunda, e meus pés subiram para afagar suas pernas magras e musculosas.

Havia uma cegueira em sua paixão que criou uma resistência momentânea em mim. Eu estava sendo usada como nunca havia sido, e não tinha certeza se estava gostando disso e se podia atender à sua demanda. Mas a insistência trêmula da mão dele dentro da minha buceta – por cujas paredes, eu sabia, ele podia sentir o pau pulsando e investindo contra meu cu – e a força cega da sua paixão, atravessando sua pele e emaranhando a boca nos meus cabelos, interrompiam qualquer pensamento, e me ouvi gritando que ele não deveria parar nunca, e depois gritando repetidas vezes em uma fúria sem palavras de dor e de prazer que, tenho certeza, era uma ode à luz de êxtase que explodia em nós dois.

Eu me levantei do chão, suja, desgrenhada e contundida, com óleo na bunda, e prossegui com a tarefa de preparar o café da manhã. Ou a refeição que fosse. O sol parecia estar descendo. A loja não fora aberta. Algo semelhante à responsabilidade me fez jogar uma capa de chuva nas costas e prender um bilhete rabiscado na porta da frente: "Desculpem, Fechada Hoje.

Abrirá Normalmente Amanhã". Enrolei um pouco, arrumando a loja, e voltei para os fundos, agora escurecendo; encontrei Luke chapado diante da mesa, com uma toalha na cintura, depois de injetar no banheiro do corredor; desanimei um pouco, mas não disse nada. Em vez disso, coloquei *Carmina Burana* no som, mas baixo, e me sentei com *Demian*, de Hesse, para ler um pouco. Naquela época, Hesse não havia sido reeditado, só estava em inglês em uma edição antiga e esgotada, e era agarrado avidamente sempre que aparecia. Escureceu. Acendi uma luminária, fiz café e mudei de Carl Orff para Modern Jazz Quartet, *Django*.

Depois de algum tempo, Luke se mexeu, e lhe dei café sem dizer nada, sem saber como ele estava ou se queria conversar, e ele bebeu, me observando acima da xícara enquanto eu lia, ou fingia ler, até eu ouvir um "vem aqui" rouco e meio suplicante e ir até ele de imediato, ajoelhar ao lado da sua cadeira, colocar a cabeça em seu colo, enquanto ele afagava meu cabelo, sem dizer nada, e eu finalmente virar o rosto, tirar a toalhinha tola e encontrar seu pau com os lábios. E devagar, bem aos poucos, com os movimentos longos e suaves da minha boca e língua, ele endureceu, e na noite quente e lenta de verão, com todos os barulhos dos quintais e das ruas de agosto explodindo ao nosso redor, fiz amor com aquele pau grosso, forte, não circuncidado; fiz amor de fato, gerei o amor, seduzi-o até chegar à completude e ao sentimento com a minha boca – eu era jovem o bastante e tinha magia suficiente para fazer isso. Apaixonada, FIZ amor, e o amor floresceu como uma auréola em torno de nós dois; minha boca se movia lentamente, sem parar, sem cansar, deslizando e mergulhando naquele membro cheio e grosso até começar a pressionar e bater no céu da boca feito um pássaro selvagem e ávido por liberdade; eu me movi cada vez mais rápido, e um grande suspiro que era o sopro da vida escapou de Luke, e eu bebi de seu sêmen, bebi de seu sêmen cristalino e amargo em grandes golpes sedentos, como se finalmente fosse nos unir para sempre, de modo que nenhuma mudança, nada nem ninguém pudesse nos separar novamente. Minhas mãos estavam em sua cintura fina e bela quando ele gozou; pude sentir suas costas se arquearem, a eletricidade em sua carne, e minha cabeça foi apertada entre suas coxas fortes de pelos dourados. Pude ouvir seu sangue – ou o meu – explodir em meus ouvidos e soube que engolia seu sêmen para o sacramento – a essência sagrada e ilimitável que movia as estrelas.

Então ele se curvou e beijou minha boca para provar a si mesmo, e ficamos sentados por um longo tempo na noite de verão, meu cabelo caído sobre seu colo, suas mãos em meus ombros. Quando finalmente fomos tateando até nossa cama de montar e dormimos, foi o sono fascinante e alegre de crianças na véspera do Natal. Ficávamos acordando e tocando um ao outro, apenas para sentir a magia.

Capítulo 11

O lugar: um

LUKE E EU NÃO PASSÁVAMOS MUITO TEMPO JUNTOS. SOMENTE ALGU-mas semanas depois de nossa primeira cena juntos ele voltou à loja uma noite, branco feito papel, e me disse que teria de sair da cidade por um tempo. Ele disse que estava andando na Thompson Street – eram cerca de três da madrugada – e viu duas pessoas prendendo uma terceira, inconsciente, sob as rodas de um caminhão, enquanto outra pessoa ligava o motor. Ele disse que seguira andando e achava que ninguém o vira, mas o cara debaixo do caminhão era conhecido de vista; alguém que andara vendendo maconha no território da máfia. Naquela época, Nova York em meados dos anos 1950, todo o tráfico era rigorosamente controlado e distribuído, quarteirão por quarteirão. Luke andava vendendo por contra própria e resolveu sair enquanto a situação não estava crítica.

– Para onde vai?

– Sei lá. Talvez Nova Orleans.

Nova Orleans ainda era uma cidade possível naquele tempo, um bom lugar para ficar chapado, não ser notado – sobreviver de alguma forma. Desde então, ela sumiu do mapa a não ser para revolucionários profissionais – seja como for, há anos não ouço falar de ninguém além do SNCC ou do SDS[8] chegando a Nova Orleans. Naquela época, porém, era um lugar muito avançado, cheio de erva, álcool e boa vida.

A primeira das "revistinhas" pré-beat, escrita no linguajar *hip* que todos nós falávamos com devoção e consciência, acabara de sair em Nova Orleans. Chamava-se *Climax* e era editada, datilografada, impressa e grampeada por um belo aventureiro loiro chamado Bob Cass. A *Climax* combinava artigos sobre literatura e jazz. O jazz era para nós a arte mais importante e atual. Os primeiros porta-vozes em nosso dialeto falavam trompete e saxofone: Bird, na Louis' Tavern, na West Fourth Street, nas noites de fim de semana, distribuía cartazes de seus incríveis fins de semana no Open Door na West Broadway, fins de semana em que ele levava todos nós junto e nos ensinava a voar. E depois, Miles, no Café Bohemia, muito elegante, revezando com Charlie Mingus, *cool* na época e *cool* agora, mas sem nenhuma eletricidade, não quebrou barreiras, ou não ouvimos então – embora ele tenha mudado nos anos 1960, ou eu mudei – e ficávamos vagando do lado de fora, enquanto Mingus tocava, tomando um ar e voltando a entrar para ouvir o trompete vigoroso de Miles mandando ver sem cansar.

Depois os homens do jazz foram seguidos pelos pintores, uma geração grande e maciça de homens que bebiam muito e falavam em óleos e passavam uma imagem muito paternal e sexy. Puseram a mão em muita grana e esbanjaram, estabe-

---

8 O Student Nonviolent Coordinating Committee e a Students for a Democratic Society (esta a principal organização da juventude de esquerda nos Estados Unidos dos anos 1960) foram a vanguarda do movimento pelos direitos civis na época. (N. E.)

lecendo certo estilo no fim dos anos 1950, mais ostentoso e rápido. Orgulhoso.

Mas isso foi mais tarde. Naquele exato momento, Luke disse "Nova Orleans", e eu o ouvi bem. Vi as sacadas de ferro fundido e a névoa de calor e poeira. Vi as pessoas sorridentes e de movimentos lentos, viajando ao sol, tomando café preto no mercado francês, os grandes barcos descarregando frutas e peixes, gaivotas grandes e saudáveis gritando e fazendo curvas, e eu quase disse: "Eu vou com você". Nós dois éramos capazes de ouvir as palavras suspensas em silêncio no quarto empoeirado. O quarto aguardou, mas eu não as disse.

Duas coisas me impediram. Uma foi o nosso código, nossa eterna e cansativa regra de autocontrole, que teria me impossibilitado de dizer essas palavras sem estragar toda a nossa cena, até mesmo de maneira retrospectiva, estragando o que acontecera antes, de modo que, se eu tivesse realmente ido com Luke, nosso encontro teria perdido toda a magia – ao menos era o que nos parecia então. A outra foi minha total e inexprimível fascinação por Manhattan, eu estando no meio de um caso de amor com a cidade, cativada, como acabou acontecendo, por muitos anos. Uma paixão irresistível pelos becos e armazéns, pelo estranho cemitério no centro, na Trinity Church, por Wall Street na calada da noite, pela Cathedral Parkway nas tardes de domingo, pelo edifício Chrysler cintilando feito torres mitológicas ao sol de outubro, pela incrível prana e energia no ar, despertando uma criatividade que parecia brotar do núcleo ardente do planeta e explodir como mil vulcões em ebulição na música e na pintura, na dança e na poesia daquela cidade mágica. Então, em vez de falar, segurei a mão dele.

– Quando você vai? – perguntei.

– Hoje de manhã – ele disse. – Pensei em pegar a estrada quando clarear.

Ele foi até o quarto dos fundos e começou a enfiar os poucos pertences em uma mochila velha e surrada. Eu o segui e liguei o som. "Glória", de Vivaldi. Coloquei algumas costelas de carneiro na grelha e comecei a cortar alface com ímpeto. Melhor ele comer, pensei, antes de ir embora.

Então Luke veio e tocou as costas da minha mão; eu olhei para ele, e ele viu as lágrimas nos meus olhos.

– Ei – ele disse em um tom suave. – Ei, garota.

Seus braços me envolveram, eu grudei em sua boca como se nunca fosse soltar, ele soltou meu cabelo, e de algum modo estávamos nus, deitados, enrolados, desesperadamente próximos, no colchonete no chão que ficava no lugar da cama de montar. Ele puxou minhas pernas sobre seus ombros, parou para beijá-las do tornozelo até a bunda, onde deu mordidas curtas e vigorosas, e senti seu pau na minha buceta, que era como voltar para casa, como o estado mais natural e completo de ser, e o senti sair e, coberto com meu líquido, entrar no meu cu, rasgando, sem cuidado desta vez, mas com uma espécie de desespero, enquanto ele chupava e mordia meus braços e peitos. Eu estava chorando, achando que ia enlouquecer por completo, porque meu desejo era de uma satisfação maior que o corpo humano já tenha criado, e, finalmente, sua boca se fechou sobre a minha, ele se deitou todo em cima de mim, o pau na minha buceta úmida e pulsante, e nos movemos juntos, raspando e batendo, movendo juntos pelo tempo e pela eternidade, e para fora, além do espaço, onde as galáxias explodiam e começavam, e observamos os mundos voltando a se mover, devagar e em harmonia. Quando voltamos, eu estava deitada em seu peito, beijando suas pálpebras sem parar, bebendo suas lágrimas silenciosas, enquanto as minhas caíam despercebidas.

Estava claro. As costelas de carneiro queimaram sem salvação, o ambiente estava cheio de fumaça. Corri de um lado para o outro, abrindo janelas e praguejando, enquanto Luke se recompunha. Em seguida, nos vestimos e fomos a um restaurante que ficava aberto a noite toda, na Sixth Avenue, a velha Waldorf Cafeteria, aonde tínhamos ido juntos algumas vezes para ver as estripulias de Max Bodenheim.[9] Comemos cozido de carneiro, picles e pães, e tomamos cafés e mais cafés. Por fim, Luke pegou a mochila, jogou nas costas, e eu o acompanhei até o ônibus que o levaria a um local conveniente para pegar carona, perto do túnel Lincoln; esperei até ele embarcar. Demos adeus sem tocar um no outro, nossos olhares quase sem se encontrar no vento empoeirado de agosto.

E depois, em menos de duas semanas, Norm e Gypsy voltaram do acampamento, e o conforto quente da livraria se foi. Estava tudo agitado demais àquela altura para ficar na rua, e as manhãs eram geladas às vezes, então peguei o dinheiro que guardara e aluguei um lugar que Dirty John estava deixando: um apartamento sem aquecedor na área residencial da Sixtieth Street, onde a Tenth Avenue vira Amsterdam Avenue, no

---

9 Poeta e mendigo, conhecido como Rei dos Boêmios do Greenwich Village. (N. E.)

extremo norte de Hell's Kitchen. Era um lugar bom e grande, com pé-direito alto e uma lareira no amplo cômodo frontal, dois quartos intermediários de tamanho razoável e uma cozinha que era um verdadeiro buraco, com uma banheira ao lado da pia – a banheira tinha uma tampa que era usada para escorrer a louça –, um fogão antigo, decorado de esmalte verde, com um forno alto e três queimadores, e uma pequena janela engordurada que dava para um poço de ventilação. Era um bom lugar pelo tamanho do cômodo frontal, porque a lareira funcionava e porque custava trinta e três dólares por mês.

O banheiro ficava no corredor do prédio. Sua sujeira era inexprimível e impossível de limpar, porque ficava a apenas um lance de escada do térreo e, portanto, era usado por todos os vagabundos da área que estivessem sóbrios o suficiente para subir os degraus. Nas manhãs frias, muitas vezes encontrávamos um ou dois corpos dormindo ali. Impossível trancar, a única coisa que aconteceu quando tentamos trancar foi roubarem a tranca, arrancando-a da madeira podre. Impossível manter papel higiênico ou mesmo lâmpadas lá dentro – tamanha era a pobreza do local que ambos eram surrupiados de imediato. Quando a pessoa ia ao banheiro, tinha de levar papel higiênico e lâmpada. Se não houvesse lâmpada à mão, usava-se a lanterna que ficava em cima da geladeira.

Era um apartamento encantador, um dos melhores que já tive, e me lembro dele com muito afeto até hoje. A vida que tive ali foi a mais simples, agradável e devotada que já consegui levar; os amigos eram bons, os objetivos estavam claros.

Assim que nos mudamos, éramos apenas eu e Susan O'Reilley. Fizemos uma sala de estar de verdade no cômodo frontal, com um sofá-cama que havia sido deixado por um inquilino anterior, que dividira o apartamento com Dirty John; uma mesa de desenho antiga; uma escrivaninha e uma cadeira da casa dos meus pais; e alguns bancos longos feitos com madeira velha, sem pintura, que roubamos de terrenos de obras de prédios altos e modernos. Tínhamos um carinho especial pelos bancos, porque, quando acabava a lenha, nós os queimávamos sem remorso e saíamos para pegar mais quando necessário.

Dormíamos no quarto maior, em uma cama que não passava de uma estrutura com algumas ripas de madeira e um colchão velho estofado com algodão em cima. A cama mais encaroçada e mais desconfortável em que já dormi, dez vezes mais desconfortável que dormir no chão, mas, por algum motivo, estávamos apegadas à ideia da cama, de ficar acima do chão. O quarto tinha uma porta para fora, que trancamos com um pedaço de madeira e trancas enormes de ferro depois que o Pequeno John, que não deve ser confundido com Dirty John e que era então ex-namorado de O'Reilley, arrombou a porta e quebrou tudo enquanto procurava por ela (nós duas tínhamos ido a Cambridge de carona para não encontrar com ele). Sobre a porta trancada, penduramos uma estante precária. E ela, junto com uma escrivaninha antiga, relíquia da minha infância que levamos do Brooklyn em um furgão emprestado, completavam a mobília do "quarto".

O quarto menor foi logo apelidado de Depósito de Madeira e ocupado com caixas de papelão e barris de lenha para a lareira: madeira surrupiada de canteiros de obras ou doada pelo estabelecimento perto da esquina, entre a Tenth Avenue e o rio, que encaixotava automóveis para transportes internacionais. Naquela época, ninguém tinha ouvido falar de beatniks ou hippies, então o sujeito que trabalhava lá era alegre e simpático, e cortava muito carvalho vermelho para nós sempre que o chefe estava fora; cortava do tamanho da nossa lareira com poderosas serras elétricas, sorrindo e conversando, enquanto esperávamos no local claro e frio com nossos carrinhos de compra, sentindo o barato que era efeito do cheiro acre da madeira cortada e do ar puro e gelado que vinha do rio. Eram necessários quatro carrinhos cheios por dia para nos manter aquecidas, mas, nos dias bons, em que os tambores estavam cheios de entulho, ou quando nos sentíamos especialmente dispostas, carregávamos muito mais e enchíamos todo o depósito de madeira para a época mais fria que estava por vir. Depósito de madeira[10] era um termo que apreciávamos muito, devido ao livro de Mezz Mezzrow *Really the Blues*, que foi uma das leituras que encheram nossa cabeça com um jeito de falar e um jeito de ser, e nele, a palavra *woodshedding* é o que a pessoa faz quando se fecha em um lugar para praticar sua arte, no caso dele o jazz, excluindo todo o resto. Essa ideia era basicamente a regra de vida no lugar da Amsterdam Avenue, e um Depósito de Madeira fazia com que fosse ainda mais o caso, tornando-o mais real. A única coisa no quarto, além das infindáveis caixas de madeira e a pilha longa e baixa de tábuas estreitas e grossas a serem serradas em uma verdadeira emergência, era uma cômoda velha e inacabada cheia de roupas nossas e, sobre ela, uma gaveta de arquivo com trabalhos nossos.

---

10 No original, *woodshed*. Tem três significados: "depósito de madeira", "lugar onde se administra as punições" e também é um verbo, uma gíria de músicos para estudo e ensaio de um instrumento. (N. E.)

Era mais ou menos isso. Quando Susan e eu chegamos, a casa estava coberta de lascas de madeira e papel picado, mastigados e rasgados por ratos, transformados em todo tipo de mansões confortáveis e luxuosas para os roedores. Levamos um mês inteiro para tirar todo o lixo, e durante meses havia um grande buraco chamuscado no chão, bem em frente à lareira: "Ah, isso aí", disse Dirty John quando nos mostrou o apartamento, "é onde deixei cair uma tora em chamas e esqueci de pegar". As vigas sob o piso estavam queimadas e sem algumas partes: a casa deve ter chegado perto de um incêndio. Um dia, na primavera seguinte, uma boa amiga sapatão chegou com uma serra elétrica e passou dois ou três dias encaixando cuidadosamente pedaços de lenha no buraco e recuperando o chão, mas, naquele primeiro inverno, convivemos com ele do jeito que estava, e entrava um vento forte por ali.

Logo depois de nos mudarmos, René Strauss, nosso amigo michê do centro, veio para ficar, e o sofá da sala se transformou em cama. René era um bom colega de quarto: quase nunca estava em casa, aparecia quando conseguia algum dinheiro e nos levava alegremente para tomar café da manhã fora. Seus comentários mordazes sobre nossa vida e nossos casos – na tradição sarcástica da "inteligência bicha" – mantinham nosso humor e nossa capacidade de perceber as coisas a maior parte do tempo. Seus dois defeitos eram roubar todas as nossas melhores roupas limpas para usar quando saía à caça de parceiros e sempre se recusar a levantar da cama de manhã.

Levantar da cama de manhã não era fácil, uma vez que estava frio e ficava mais frio com o tempo. Eu geralmente me levantava primeiro e andava fazendo barulho, vestindo a calça

Levis e o suéter (meu eterno figurino) e escovando meu cabelo curto (eu havia cortado rente). Depois vestia as luvas pretas de couro roubadas, revestidas de pele, e a jaqueta de motociclista que o Pequeno John me dera (éramos do mesmo tamanho); calçava as botas pretas do exército e, armada com carrinho de compras, saía para pegar madeira. Duas ou três viagens escada acima faziam maravilhas para me despertar e ativar minha circulação. Eu acendia o fogo para fazer uma panela enorme de mingau de aveia, cantando e murmurando, para avisar René, que provavelmente chegara ao amanhecer, e O'Reilley, que sempre conseguia dormir mais, não importando quanto tempo já tivesse dormido, que eu estava prestes a acordá-los. Com o café pronto e o mingau borbulhando, eu ia até a sala e anunciava, de maneira escandalosa e detestável, para os moradores que roncavam e se agarravam aos cobertores, que o café da manhã estava pronto e que o dia ia começar.

Capítulo 12

O lugar: dois

O INVERNO CHEGOU. RENÉ SE MUDOU, FOI MORAR COM UM HOMEM triste porém rico na Central Park West, que ia pagar suas aulas de balé. A casa se transformou em um navio enfrentando uma tempestade incrível. Chaminés na Eleventh Avenue surgiam em meio ao ar limpo feito mastros, marcos ou faróis. A arte da sobrevivência tornou-se a arte de acender o fogo. Éramos cinco agora, uma família pequena e unida, com estilo de vida e jargão próprios.

Havia Pete, que frequentava a Art Students' League de manhã e pintava à tarde em nossa sala ampla e ensolarada. Ele começara como ator quando criança na Broadway, frequentara a Professional Chidren's School quando adolescente e finalmente deixou a vida de ator para se tornar pintor. Pete era quieto, lento, atarracado e extravagante. Ficava horas desenhando unicórnios ou estranhas feras de três pernas e olhar triste, ou então enchia enormes painéis de compensado e tecido com paisagens sobre as quais vagavam criaturas infantis fosforescentes em formato de domos geodésicos com antenas. Ele desenhava em papel, no chão, nas paredes, em guardanapos, lençóis e vidraças sujas. Ele era bom e feliz.

Havia Don. Don era comprido e magro, mulato e deslumbrante, ator da então ainda predominante tradição do Actors' Studio. Reservado, com grandes olhos pretos e contemplativos, mãos finas e nervosas que tocavam percussão em qualquer coisa, com qualquer coisa, ao ritmo do jazz em sua cabeça. De uma gentileza surpreendente, sempre olhava para você de dentro da neblina de sonhos e sons em que vivia, como se estivesse atrás de uma cortina de contas.

Don era amante de O'Reilley. Ela passara maus bocados com o Pequeno John durante o verão: loucura, abortos e, durante tudo isso, John declamando uma psicologia reichiana mal digerida para ela, e O'Reilley querendo algo sereno e controlado. E conseguiu. Talvez fosse a beleza excessiva de Don que o levasse para dentro de si mesmo. Todos o queriam. Quando perdemos o controle da situação no inverno, com pobreza, e chegou a um ponto com o qual não conseguimos mais lidar, era Don que ia visitar gente da Broadway na terra estranha e desconhecida do East Sixties[11] e voltava com bifes, vodca e dinheiro. Ouvimos boatos de que Montgomery Clift, entre outros, tinha uma queda por ele, e que era ele quem fornecia esses paparicos, mas Don não falava a respeito, apenas me entregava a carne ou a grana, colocava um disco para tocar e sentava perto do fogo.

E havia Leslie. Leslie era a nossa bicha. Toda casa precisa de uma, para se manter animada e boba, para cuidar das plantas e das velas, para trazer um pouco de estilo à vida de cortiço. Leslie fora pianista, mas, quando estudava na Julliard School of Music, foi obrigado por exigências curriculares a

---

11 A autora se refere a uma das áreas mais aristocráticas de Nova York, entre as ruas 60 e 70, junto ao Central Park. (N. E.)

fazer aula de dança moderna. As aulas o fascinaram e o atraíram por completo. Ele começou a descobrir o próprio corpo, a ir ao centro para aulas de balé, e acabou jogando fora dez anos de estudos de piano de concerto. Ele saiu da Julliard – onde tinha bolsa – para ir para o Ballet Theatre School e se tornar um dançarino. Ele era bonito, triste, frágil e gay. E alegre e melancolicamente apaixonado por Susan.

Tanto o Ballet Theatre quanto a Art Sudents' League ficavam a três ou quatro quadras da nossa casa, e nossa vida estava centralizada na West Fifties o ano todo, tornando-nos mais íntimos e próximos à medida que nos concentrávamos em nosso primeiro ano de trabalho sério. De manhã, Leslie e Pete saíam para suas respectivas aulas, e Don colocava um disco para tocar – uma execução arranhada de "Walkin'" por Miles ou algum do início de Billie Holiday, em nossa vitrola de doze dólares ("caixa", como chamávamos na época). O'Reilley se esticava no sofá, em frente ao fogo, e mergulhava no livro *O declínio do ocidente*, de Spengler, cujos dois volumes grossos e morosos ela leu durante aquele inverno, fazendo anotações. Eu estudava grego homérico com uma gramática de 1890 encontrada no sótão de uma tia no Queens. Na hora do almoço, todos saíamos para nos reunir na lanchonete da Art Students' League ou no Chock Full O' Nuts, em frente ao Ballet Theatre. Lá comíamos os sanduíches que tínhamos condições de pagar: de vinte e cinco centavos, com alface e tomate ou *cream cheese* no pão de tâmara e nozes, e compartilhávamos as novidades e descobertas da manhã, acompanhados de xícaras de café muito doce.

À tarde, estávamos todos de volta ao trabalho: eu e Susan rabiscando em cadernos, Pete desenhando o bule ou a cadeira, e Leslie partindo para mais uma aula ou ensaio. Don ia até a farmácia Cromwell's, o ponto de encontro de atores sem trabalho que deveriam estar circulando, onde consumia sua porção de cinquenta centavos e ouvia os amigos falarem de trabalho. Se o dia estivesse bonito, Susan, Pete e eu levávamos nossos cadernos ao Central Park e subíamos nas pedras ou observávamos os patos entre poemas e desenhos. Se não estivesse, ficávamos em casa, amontoados perto do fogo, ou datilografávamos em nossa máquina de escrever antiga e decrépita com dedos enrijecidos de frio.

O limite sul de nosso mundo era a Fiftieth Street, onde havia uma lanchonete Longley's em que todos os cafés após o primeiro eram de graça e venenosos – ficavam a tarde toda em chapas elétricas, já com o creme, que ia engrossando e azedando. Ali nos escondíamos, às vezes, para ler ou escrever a tarde toda, vendo as pessoas entrarem e saírem, e conhecendo alguns dos velhos tagarelas e excêntricos para os quais Nova York ainda tinha tempo e espaço.

Dentro desses limites, encontravam-se a Biblioteca Donnell, recém-aberta, com seus banheiros limpos e deslumbrantes, aquecimento e água quente em abundância, tapetes no salão, sofás confortáveis e discos para locação, e o Museu de Arte Moderna, para o qual tínhamos passes de artistas que valiam o ano inteiro e custavam três dólares; eles nos permitiam ver, de graça, uma sequência infindável de Dietrich, Von Stroheim, Lang, Garbo etc., atraindo-nos pela primeira vez para a essência do mundo de celuloide e escuridão tremeluzente.

O museu também ostentava uma cafeteria com assentos em um pátio interno, onde podíamos sentar entre esculturas pretensiosas, quando o tempo estava bom, e comer e beber um chá de cinquenta centavos que consistia em sanduíches minúsculos e sem gosto e num líquido pálido, cor de tijolo queimado; havia um restaurante na cobertura, para o qual nosso passe de três dólares não dava acesso. No entanto, encontramos uma passagem por uma escada nos fundos que nos permitia entrar despercebidos na cobertura; costumávamos ir até lá para encontrar alguns dos amigos atores de Pete ou Don que eram mais prósperos e pagavam anuidades mais caras. Eles nos pagavam doces minguados, e ficávamos ouvindo as fofocas do teatro.

E havia os quadros. Naquela época, ainda era possível ver os quadros do Museu de Arte Moderna. Faz anos que não consigo fazer isso. Hoje em dia há cabeças, milhões de cabeças, entre mim e qualquer obra de arte. Se é noite de inauguração, as cabeças geralmente são bem tratadas e têm perfumes finos. Se não, é provável que adotem os últimos penteados de Ohio e casacos da Sears Roebuck, equipados com vozes altas e estridentes. Nos dois casos, não há esperança de se ver um quadro, a menos que você o roube, leve para casa, tranque a porta, pendure na parede e se sente. Mas, naquela época, não havia tanta gente nos museus, especialmente durante a semana, e era possível se acomodar tranquilamente na sala Brancusi (ar empoeirado e sagrado como uma igreja) ou em um banco duro diante das *Ninfeias*, de Monet (posteriormente queimada no incêndio), e rabiscar, devanear e se deleitar nos detalhes e nas cores, ou andar em volta de uma escultura, examinando-a por todos os ângulos, de trás para a frente, ou deitar debaixo dela e rabiscar, limpar o dente, escrever uma carta, rabiscar, tirar os sapatos...

A fronteira norte do nosso território era a Sixty-Fifth Street. Era lá que ficava o estúdio de Raphael Soyer, em um prédio velho e embolorado conhecido como Lincoln Arcade, com elevadores desorientados, do tipo gaiola de ferro fundido, com ascensoristas desorientados, e fervilhando de cafetões, traficantes e prostitutas aglomerados no térreo, onde ficavam as lojas, a encantadora iluminação branco-amarelada e a solidez opulenta das áreas de Nova York que foram construídas durante os últimos dias da prosperidade americana, durante o fim do século XIX. Essa área é agora o Lincoln Center, onde fui uma vez e achei que estivesse no terminal de uma companhia aérea; tentei ver um filme, e foi como ver um filme em um hospital ou em uma geladeira. Mas, naquela época, ainda havia professores de voz tcheco-eslovacos, russos que estudaram com Jung, violinistas vindos dos Bálcãs, tradutores de letão, pequenos profissionais usando grandes casacos morando naquela área, agasalhados e agitados nos mercados, e eu ia lá umas três vezes por semana para me sentar à luz leve e parada do estúdio de Raphael, e ele me pintava e fazia perguntas tristes e pacientes sobre minha casa e minha vida, surpreendendo-se com tristeza, mas constante curiosidade, como um pardal muito ousado. Ou íamos juntas, Susan e eu. Ele fez uma pintura enorme de nós duas nuas, de pé e de mãos dadas diante de uma cama desarrumada, uma pintura que ele então considerava escandalosa demais para expor; depois de trabalhar nela por três ou quatro meses, deixou-a guardada pela mesma quantidade de anos.

Na West Sixty-Fifth Street também estava meu modesto equivalente ao luxo extravagante de Don: uma psicóloga esguia, de voz aguda e olhar triste, chamada Betty McPeters, que tinha uma queda por mim e dava bifes e morangos para todos nós em seu minúsculo apartamento no West Side quase toda semana para me fazer ir até lá à noite. Os desejos de Betty nunca conseguiram sequer chegar a serem vagamente sexuais. O máximo que ela conseguia fazer era acariciar meu cabelo ou minha mão, ronronando "bom" feito um gato. Uma criatura patética. Sentávamos no sofá ou no tapete e devorávamos quantidades enormes de comida, conversando com seus amigos: um ladrão de livros que virou padre, do Lower East Side, chamado Bradley Dumpkin, e uma mãezona negra, roliça e alegre, Beatrice Harmon, que na última contagem tivera quatro bebês e quatro colapsos nervosos (um após cada bebê). O humor era para ser inteligente e mordaz, e às vezes era. Os discos eram todos pré-1750; a atmosfera, refinada e levemente acadêmica. Havia muitos livros em brochura *sobre* coisas. A casa de Betty era boa enquanto férias, um lembrete de como o resto do mundo vivia e pensava, e depois trotávamos para casa agradecidos, de volta ao apartamento que mais parecia um celeiro vazio, congelante, para nossas conversas tolas, não intelectuais e para nossa sopa de lentilha.

Em meados de novembro estava frio demais para que qualquer um de nós preservasse o menor desejo de privacidade ou solidão. Abríamos o sofá-cama até o máximo e o puxávamos para a frente da lareira, todos optando por se jogar nele à noite. O sofá tinha uma rachadura no meio, o que limitava seriamente o progresso gradual e as sutilezas do contato físico possível entre nós. Isso e a lotação. Em geral, havia quatro de nós na cama, e um ficava acordado para manter o fogo aceso: as sobras de madeira que pegávamos de graça não queimavam por muito tempo, e não havia como manter o fogo baixo a noite toda. Era boa a sensação de se recolher para a noite com uma caixa cheia de madeira e um livro, mantendo a vigília enquanto o resto da "família" dormia confortável e contente. Nas noites menos frias, quando podíamos nos dar ao luxo de deixar o fogo apagar e ficar com o calor do forno, a quatro cômodos de distância, o quinto de nós ia para a cama de ripas no quarto do meio e dormia luxuosamente sozinho.

UMA NOITE JUNTO À LAREIRA: O QUE VOCÊ GOSTARIA DE OUVIR

Talvez eu sentisse uma mão na minha buceta e me virasse na direção do dono e, ao fazê-lo, encostasse em quem estivesse dormindo do meu outro lado, sentindo uma ereção passando pelo meu quadril, e me aproximasse, abrindo as coxas para fechá-las em torno de um cacete, de Leslie, imagino, e levasse a mão entre as pernas para tocar a cabeça com os dedos. A mão na minha buceta é de Don, e ele está meio virado para o outro lado, na altura da cintura, beijando O'Reilley. Eu faço força sobre ela, para que entre mais fundo, deixando o pau de Leslie deslizar para fora das minhas pernas e bater de leve na abertura do meu cu. Estou mordendo Don na nuca, olhando acima do ombro dele para Pete, que está cochilando perto do fogo. O'Reilley joga uma perna sobre os quadris de Don, e eu começo a acariciar o tornozelo dela com os dedos do pé. O tornozelo é liso e delgado, e os dedos do pé dela se curvam e fazem cócegas na sola do meu pé, logo abaixo do arco. Coloco a mão esquerda no saco de Don, envolvo a base do pau com o polegar e o indicador. A unha do meu polegar toca a mão de O'Reilley, que está logo acima da minha, no membro de Don. Nossas mãos se movem em uníssono. As costas de Don começam a se curvar, sua mão se move rapidamente em mim. Uma provocação. Coloco a mão direita para trás, embaixo das minhas costas, e faço redemoinhos de pelo em volta do umbigo de Leslie, deslizando o dedo por sua barriga e descendo até os pentelhos. Afundo os dentes no ombro de Don. Ele começa a pular um pouco. Sua boca desliza dos lábios de O'Reilley para o seio, jogando as cobertas um pouco para baixo. O ar frio é um choque, mas a sensação é boa. Passo a perna direita sob Leslie e deito com a buceta bem aberta, empurrando a mão de Don. Ele vai mais devagar, entrando e saindo de mim com movimentos longos. Sinto o cacete de Leslie batendo no meu quadril. Solto o saco de Don e seguro o pau de Leslie com as duas mãos. Uma tora grande cai na lareira, e Pete desperta. Capta a cena e mexe um pouco no fogo. Leslie escapa das minhas mãos e desliza para cima na cama, acomodando-se sobre o travesseiro acima de nós. Pego seu pau com a boca. Ouço O'Reilley gemendo e noto que Don está em cima dela, ela está quase dobrada ao meio, os dois estão completamente fora das cobertas a essa altura. Admiro a cor verde anêmica dela e a pele café com leite de Don, a forma longa e delgada dos dois, sem quebrar o ritmo com que chupo Leslie. A mão de Don ainda está em mim, e, enquanto monta nela, Don estende o corpo para beijar minha boca. Nós quatro nos movemos em um único ritmo, as molas da cama balançam junto. A mão de Don sai de mim, e outra coisa entra. É o cacete de Pete, concluo. Reconheço o cheiro do óleo de cabelo. Ele tirou a calça e os sapatos, e está deitado sobre mim só de camisa. Deixo o pau de Leslie sair da minha boca e começo a beijar Pete. A cama está lotada. Viro-me de lado e viro Pete comigo, enfiando meu joelho sob a axila dele. Leslie estava beijando as pálpebras de O'Reilley, agora volta para baixo pelo canto externo da cama, passando o pau molhado na minha lateral. O'Reilley e Don quase caem da cama e descem para perto de nossos pés, onde há mais espaço. Ouço os sons de Don, rosnados reticentes, e eles me excitam muito. Sinto algo mexendo na minha bunda, e é Leslie. Estou de costas para ele. Tiro o joelho de baixo do sovaco de Pete e estendo a perna sobre seu ombro para dar mais espaço para Leslie agir, e sinto suas mãos abrindo minha bunda e seu pau longo entrando. Visualizo os dois paus, o de Pete e o de Leslie, roçando um contra o outro através da fina parede dentro de mim. Irmãos. Demais. Uma boa noite.

Talvez todos nós gozemos uma vez, e depois talvez Pete chupe Leslie, Leslie chupe O'Reilley, enquanto Don e eu olhamos. Acho que então Pete atiçaria o fogo, e nós fumaríamos haxixe. O vento sobe, fica muito mais frio. O'Reilley e Pete se acomodam juntos e dormem debaixo das cobertas. Don começa a esfregar o nariz no meu pescoço, e transamos de quatro; Leslie chega atrás de Don e coloca para dentro, e entramos em uma espécie de ritmo louco e sincopado que faz a cama balançar de novo. Pete e O'Reilley continuam dormindo. Finalmente, vamos todos dormir, pouco antes de amanhecer, cada um com um braço dormente embaixo do outro, e o pé de Don para fora das cobertas porque ele é longo demais. Talvez Silver e Daddi-O, nossos gatos, venham se sentar nos pés dele para aquecê-los e ronronem durante nossos sonhos.

UMA NOITE JUNTO À LAREIRA: O QUE REALMENTE ACONTECEU

Ou talvez não. Pete está atiçando o fogo, e a velha vitrola barata está tocando o mesmo disco de Stan Getz várias vezes. Don está sentado na beira da cama, batucando com o atiçador na lareira. O'Reilley está deitada perto do fogo, lendo *Aos jovens*, de

Kropotkin. Os dedos da sua mão esquerda brincam preguiçosamente nas costas de Don sob a camisa, mas ele não nota. Leslie está deitado ao lado dela, de costas, fumando e olhando para o teto. Ele teve duas aulas de dança e está exausto. Eu estou no lado frio da cama, longe do fogo, mas compensei indo me deitar de calça e blusa de moletom. Estou com uma touca de lã sobre o cabelo curto, as cobertas até o queixo, e só o nariz e a parte de baixo dos olhos aparecem. Falo com empolgação sobre os surrealistas para Pete por baixo dos cobertores. Ele murmura sempre que paro, mas provavelmente não está ouvindo nada. Está pintando. Leslie me passa o cigarro, e eu o apago no chão. Ele diz boa-noite e vira de lado, de costas para mim. Seu corpo é bonito, mas sua óbvia indiferença o torna desinteressante, e a mim, entediada. O'Reilley termina de ler Kropotkin e o coloca no chão do seu lado da cama. "Que pena", ela diz, sobre nada em especial. Don para de batucar e se levanta. "Vou sair", ele diz. "Já volto." Ele se abaixa e beija O'Reilley na testa, murmurando "Tchau, gata", e vai embora. Pete ajeita o fogo e começa a fazer um desenho de nós três indo dormir. Estamos aninhados, de conchinha, todos sobre o lado direito, de frente para o fogo. Meu nariz está gelado. Meu nariz está sempre gelado e, em geral, dormente. Enfio o nariz com cuidado nas costas de Leslie para esquentar. Ele tem um sobressalto, dormindo.

Durante todo esse tempo, éramos pobres, ficando cada vez mais pobres. Houve um período de alguns meses em que todos os quatro vivíamos com sessenta dólares por mês, que eu ganhava posando para pintores. O aluguel era trinta e três dólares, e a luz e o gás chegavam a sete ou oito, o que nos deixava com cerca de cinco dólares por semana para comida. Tomávamos muito mingau de aveia e comíamos feijão ou lentilhas com arroz à noite, e às vezes ovos de almoço, que comprávamos no mercado da Ninth Avenue por vinte centavos a dúzia. As pontas de bacon e moela de frango eram dezenove centavos quinhentos gramas. As pessoas vinham muito para jantar, sempre pelo menos duas ou três pessoas, e sabiam que tinham de levar pão ou lenha. Chegavam com pães roubados, pães amanhecidos, frescos, saídos do forno, e compravam pão francês, qualquer um que conseguissem descolar, o que aumentava a sopa de feijão e a transformava em uma refeição. Às vezes levavam vinho. Ou chegavam agasalhados até as orelhas, rebocando a madeira: grandes vigas de casas velhas, portas, móveis descartados, que iam serrando na sala, praguejando e suspirando, enquanto a sopa era preparada.

"As pessoas" eram Big John, que era viciado em Ayn Rand,[12] e Painter John, que era o mais novo de nós, tinha dezesseis anos na época e, todos diziam, era um gênio (embora nada tenha saído disso), diversos amigos dançarinos de Leslie – garotinhas duronas e garotos frágeis do Ballet Theatre com sacos de pão – e diversos amigos atores de Pete, que apareciam após algum evento no Studio, desfilando pela sala de *trench coat*, exibindo suas marcantes e transbordantes presenças onde quer que pousassem. Geralmente tinham dinheiro e levavam bolo, sorvete e outras guloseimas incongruentes. E foi o estilo deles que nos levou a criar a frase muito usada: "Faça isso pelo Studio" – aplicada sempre que uma situação ou indivíduo se torna arrogante e desagradavelmente dramático.

Havia também uma grande miscelânea de pessoas que Susan e eu havíamos juntado: Noah, vagabundo da Bowery, es-

---

12 Escritora direitista antiestatal, ferozmente anticomunista, nascida na Rússia, em 1905, mas radicada nos Estados Unidos, onde morreu, em 1982. (N. E.)

pecialista em eurritmia, que era capaz de falar durante horas sobre a beleza comovente de dividir um estúdio na década de 1930 – ou seria de 1920? – com Malvina Hoffman, enquanto suas mãos longas, vermelhas e rachadas tremulavam no ar, e seu casaco esfarrapado se abria e ondulava à sua volta; sapatões que eram encanadoras ou tipógrafas; jovens discípulos de músicos de jazz; tristes estivadores boêmios; e diversos poundianos que descobríamos em livrarias. Nós comíamos, conversávamos e planejávamos imensos projetos em que todas as artes eram combinadas e cujos programas seriam escritos em chinês. Todo mundo ficava um pouco chapado, depois todos saíamos para farrear no Central Park ou ir até o píer para olhar o rio.

Quando queríamos um dinheiro extra para luxos – lavanderia ou uma refeição fora, para não nos sentirmos tão apertados –, vendíamos alguns livros. Quase todo mundo na casa tinha alguma relação com clubes do livro, especialmente com os clubes de livros de arte que prosperavam na época. Os livros chegavam para nós em vários nomes, de toda a cidade, e nós os vendíamos devidamente por um terço do preço de catálogo, ou os trocávamos na Doubleday's por presentes uns para os outros.

No entanto, em janeiro, ficou frio de verdade. Por algum tempo estava simplesmente frio demais para dormir em casa, vinte graus abaixo de zero por uns dias, eu me lembro, e todos abandonamos o barco temporariamente. Leslie desistiu primeiro e voltou a morar com os pais na área residencial de Nova York. Depois Pete, que já estava entrando e saindo da cena, foi para um quarto mobiliado (e aquecido) duas quadras mais próximo da League, com Big John, que decidira se tornar pintor na melhor tradição de *A nascente*.[13] Don adquiriu o uso de um apartamento na Central Park South, cujo dono, triste e gay, estava em um cruzeiro de inverno. E O'Reilley e eu arrumamos um emprego e fomos morar nele.

O emprego era no minúsculo apartamento da West Forties de um relações-públicas chamado Ray Clarke. Nunca tive certeza do que ele fazia exatamente, ou do que nós fazíamos para ele. Eu só tinha a certeza não formulada de que estávamos sendo usadas – por quem e com que propósito nefando, nunca consegui determinar. A única outra pessoa que me causou essa mesma sensação foi Timothy Leary, anos depois.

Ray morava no quarto do apartamento, em uma confusão de arquivos e gravadores. O quarto era o seu refúgio, seu escritório. Ali ele vivia de *smoking jacket* e chinelos, bebia e fumava muitos charutos, e fazia pequenas magias negras. Raramente notadas, elas não mudavam quase nada, mas mantinham o ar em torno dele em movimento e garantia sua riqueza.

A sala de estar tinha um bar e um lago com peixinhos-dourados, um sofá enorme e duas escrivaninhas. Era lá que Susan e eu fazíamos nosso trabalho. Ela preparava martínis. Eu datilografava um pequeno número de cartas e atendia o telefone. Nós duas tínhamos de sair para comprar comida ou *cheesecake* no Turf às duas da madrugada. Chegávamos ao trabalho às onze da noite e trabalhávamos até a manhã, geralmente parando entre sete e nove e caindo no sofá ou no tapete.

---

13 Romance que foi o primeiro grande sucesso de Ayn Rand. (N. E.)

Toda noite, por volta das onze, que era mais ou menos quando acabavam os shows, uma sequência de visitantes começava a entrar na sala de estar de Ray: modelos, gângsteres, aspirantes a ator, garotas de programa, jogadores, homens do ramo de vestuário, estrelas de cinema, compositores e assessores de imprensa. Todos queriam alguma coisa. Havia gente que só queria buceta, outros queriam ver seu nome em alguma revista, ou queriam dinheiro, drogas, papéis em filmes ou peças, joias, jantar. Homens que falavam sobre pernas, homens que falavam sobre peitos, e homens que falavam sobre outros homens. Garotas com cachorros pequenos e traseiros grandes, madames e homens que vendiam estoques suspeitos. Eles bebiam, falavam e aguardavam a pessoa do papel, a pessoa da revista, o entregador do yakisoba. Eles eram maldosos, implacáveis e libidinosos e viam a si mesmos como sentimentais e sinceros. Pagavam três jantares por noite para mim e para Susan porque ficávamos lá sentadas, com tênis furados, e sorríamos.

Ray era supostamente um especialista em colocar o nome das pessoas nas colunas dos jornais locais. Na verdade, era especialista em convencer as grandes estrelas que eram clientes seus a fazer o que ele quisesse, o que geralmente era algo que tornaria um de seus clientes – que ainda não era uma grande estrela – famoso. Os desconhecidos lhe pagavam muito dinheiro. As grandes estrelas não diziam não porque tinham muitas informações repugnantes para entregar aos jornais – informações que, na maioria das vezes, ele colhia de seu sistema de interfone (sempre ligado) enquanto ficava sentado no escritório, em geral com um gravador ligado por perto.

Ray estava sempre pegando tudo o que encontrava na minha mesa: papéis, poemas, os livros que eu estava lendo. Eu tinha de ir até o seu quarto e roubar tudo de volta. Ele tinha um arquivo em que guardava, em ordem alfabética por autor, todas as cartas pessoais, cartões-postais e fotos que já recebera, além de gracejos e comentários das diversas almas que passavam por ali.

– Querida – ele dizia –, você quer sair na coluna de Earl Wilson como a garota que foi visitar Ezra Pound?

– Não, obrigada, Ray – eu dizia –, acho que não é uma boa ideia.

– Está bem, querida, a vida é sua, mas você precisa mesmo de assessoria. Todo mundo precisa de assessoria.

Aprendi muito com Ray.

Aprendi a presumir que tudo era gravado; a me levantar e sussurrar quando tivesse algo realmente interessante a dizer para qualquer pessoa em um apartamento desconhecido. Aprendi a não deixar pedaços de papel soltos por aí. Aprendi a não beber muito com estranhos e a nunca confiar em gente de teatro. Embolsei muito dinheiro de táxi pegando o metrô. Entrei disfarçadamente pela porta dos fundos de incontáveis restaurantes caros porque as pessoas que nos levavam para jantar não podiam – ou tinham vergonha de – nos acompanhar pela porta da frente.

Ray também estava envolvido com uma estranha espécie de mercado negro radical que tinha a ver com janelas de proteção, mas qual exatamente era o golpe eu nunca entendi. Eu só sabia que o pessoal que trabalhava nesse ramo era *realmente* repugnante: carrancudos e antipáticos, provavelmente de coldre no ombro.

Então Susan e eu ficávamos lá sentadas, respondendo a correspondência de Ray e levando fitas estranhas a agências de detetives; entregamos misteriosos pacotes de papéis no Queens, pela janela de um táxi, e conhecemos Marlon Brando, que parecia incomodado e triste, e estava. Todo o tempo em que estivemos lá, ele foi perseguido por uma morena escandalosa chamada Margie, que ele namorou a pedidos: tudo parte do jogo. Margie era uma das "clientes" de Ray. Estava apaixonada por Brando porque ele a levara ao seu hotel e tocara *Tosca* para ela a noite toda em vez de tentar agarrá-la. E quem estava apaixonado por Margie era Morris Kahn, um homem grande e calado do ramo de confecção. Morris pagava Ray para fazer a assessoria de imprensa de Margie; também comprou sapatos para Susan e geralmente cuidava de nós, enquanto nos contava tudo sobre os problemas com sua amada, que queria que ele fosse tão "educado" quanto Brando.

Era tudo divertido, mas não era sério. E depois de um tempo ficou pavoroso. Billy Daniels levou um tiro, e, por razões que não conseguimos entender exatamente, isso abalou muito Ray. Em seguida, os homenzinhos das janelas de proteção começaram a ter atitudes ameaçadoras, passaram a usar chapéu dentro de casa e a se debruçar no bar às dez da manhã – a hora exata em que Susan e eu gostávamos de apagar no grande sofá e dormir o dia todo. Ray começou a falar sobre passar um tempo nas Bermudas. Decidimos que a coisa não estava legal; já estávamos em meados de fevereiro – mais quente, portanto –, então fomos embora e voltamos para casa.

Ao voltarmos, tentamos mais um emprego. Deveríamos servir comida nos fins de semana em um clube noturno do Harlem, que ficava na casa de alguém, mas acabamos fumando ópio com o pessoal na nossa primeira noite lá; três dias depois, estávamos sentadas em um grande porão escuro, vendo uma TV com um filtro vermelho sobre a tela e com o áudio desligado, ao som de um disco de Sonny Rollins, enquanto, à nossa volta, garotas negras com perucas coloridas – verde-limão e lilás – relaxavam nos velhos sofás volumosos, comendo rolinhos primavera. Era muito divertido e agradável, mas, ao voltarmos para casa no dia seguinte pela Westside Highway, passando por uma cidade estranhamente distorcida e vendo a cabeça do taxista crescer e encolher, decidimos que, embora fosse um bom emprego, exigia muito de nós, e, na sexta à noite, quando apareceram de novo para nos levar ao trabalho, dissemos a eles que lamentávamos muito e tal.

Capítulo 13

Órgãos e orgasmos: uma apreciação

DURANTE ALGUM TEMPO, NA PRIMAVERA, FUI A ÚNICA OCUPANTE DO número seis da Amsterdam Avenue, e foi exatamente nessa circunstância que instituí o costume de dar cópias da chave a todos os meus amantes. Em alguns momentos, havia seis ou sete deles. Dessa vez, comprei um colchão de casal de verdade com estrado de mola e o coloquei abaixo da janela da sala. Nós víamos o luar descer pela escada de incêndio e a lua nascer atrás da fábrica de sapatos Miles, do outro lado da rua, com o fogo estalando na lareira aos nossos pés, e eram bons tempos. Todos vinham de maneiras diferentes, cada um me levava em uma viagem diferente; eram como seis mitologias, seis mundos distintos.

Havia Georgie Cunningham. Conheci Georgie em uma jam session no West Village a que Morris Kahn me enviara quando eu trabalhava para Ray. Morris tivera o hábito de ir, mas não estava indo mais porque Margie estava consumindo toda a sua energia, e ele achou que talvez Susan e eu fôssemos curtir o lugar.

Fomos em uma sexta à noite ao endereço que ele nos dera que revelou uma fachada de loja com cortinas nas vitrines, camas dobráveis e sofás enfileirados junto às paredes. Lá conhecemos

Georgie, que tocava sax e era muito tímido e muito inteligente, e seu amigo Kip, o baterista, elegante e meio charlatão. Havia também um baixista meigo, grande e engraçado, com orelhas de abano, que me informou em tom solene que só tocava baixo para se sustentar. Na verdade, ele era pintor e ganhara doze dólares e cinquenta centavos tocando baixo nas duas semanas anteriores. Nós nos acomodamos e ouvimos a música, jantamos comida chinesa tóxica na embalagem e dormimos pelos cantos; quando os garotos acabaram de tocar, já era segunda à tarde. Então nos arrumamos rapidamente e corremos de volta para o escritório de Ray, chegando a tempo de tomar um banho e fazer uma refeição antes da multidão de costume, ansiosa e voraz como sempre.

Georgie era o mais tímido e o mais jovem lá – talvez tivesse dezessete anos –, mas, quando soprava o sax, superava a todos, sem deixar dúvidas. Havia apenas uma pessoa ali que podia acompanhá-lo, e era Brenda, a pequena cantora de jazz. Brenda era miúda e ruiva, uma bola de fogo, sempre produzida, de verde-esmeralda ou amarelo-vivo, e pensava ser Peggy Lee. Era apaixonada por Kip, o baterista, e George era um pouco apaixonado por todos eles.

Quando fui ouvi-los pela terceira vez, deitei-me com Georgie em um sofá empoeirado em uma tarde de sábado, após vinte e quatro horas completas de música. Deitei-me com ele e abri sua braguilha. Georgie era tímido e meticuloso. Ele me interrompeu e me levou ao banheiro, onde ficamos no chuveiro sob uma corrente lenta de água morna e cheirando a bolor; nos ensaboamos com lascas de sabonete roubado de motel, lavamos, escorregamos e deslizamos, caindo ensaboados em cima um do outro, passando uma coxa escorregadia sobre a outra.

E nos beijamos, com ouvidos e olhos cheios de água. George ficou duro e grande aos poucos, e eu me abaixei para chupá-lo enquanto o secava em um tapete de banheiro obsceno em que estava escrito "Hotel Marlton". Terminamos comigo curvada sobre a banheira, e ele se chocando contra mim enquanto me segurava pela cintura.

Depois dessa tarde de sábado, Georgie passou a ir para a minha área quase toda semana, e nos agarrávamos na minha cama nova e grande. Ele não era muito leigo em termos de técnica, mas tinha um ar angelical que era muito revigorante, dando uma sensação de rejuvenescimento, muito intensa e serena. Seu corpo era fino, a pele da barriga, especialmente agradável: muito clara e macia, e o estômago, totalmente reto, com quadris delgados. O pau não era lá tão grande, era circuncidado, com uma leve inclinação para a direita quando chegava ao comprimento total. Gostava principalmente de transar, não se ligava muito em jogos, preferia que eu ficasse por baixo, era ardente, mas de forma breve. Inocente, com um olhar vivo. Geralmente gozava antes de mim, o que angustiava nós dois, e ele terminava colocando o dedo em mim. Depois de um tempo, melhoramos em relação ao tempo um do outro. Ele geralmente entrava em casa em silêncio; eu despertava com a vaga sensação de que havia alguém na sala e o encontrava sentado na beira da cama, me vendo dormir com um ar pensativo.

Georgie me trouxe Antoine. Eu o convidara para jantar uma vez, junto com Kip, o baterista, e Brenda. Quando cheguei de um trabalho de modelo, me deparei não com Georgie ou Kip – eles ainda não tinham chegado –, mas com um homem enorme, corpulento, de expressão solene, gravata e paletó, sentado de modo incongruente em uma banqueta em frente à lareira.

– Olá – ele disse com sotaque pesado. – Sou Annntoine.

– Excelente – disse eu, e era.

– Georrrrge me convidou para encontrá-lo aqui para jantar.

– Ah, foi? – murmurei. Georgie estava ficando um pouco folgado demais para o meu gosto.

– Você pode só tirar essa ponta do colchão, por favor? – perguntei no tom mais animado possível. – Quero terminar de fazer a cama.

Antoine obedeceu com um cavalheirismo solene, ao mesmo tempo que indagava:

– E qual... é a sua... filosofia?

– Pega – eu disse, e joguei uma ponta do cobertor para ele.

Ele a pegou e a enfiou por baixo do colchão, fazendo uma arrumação muito profissional, enquanto prosseguiu:

– A minha... é a filosofia... do desesperrro rrresignado – disse como se tivesse ensaiado, e agora tenho certeza de que tinha.

Antoine era francês de verdade e de fato, e escritor, segundo ele, tendo me mostrado, depois de dois anos nos conhecendo, um poema de duas linhas: algo a respeito de sal e neve, e um menino passando, com um efeito muito branco sobre branco, muito francês, lembro-me de ter pensado. Ele tivera uma prostituta como mãe, ou ao menos uma senhora de virtude muito questionável, e um pai judeu que era uma espécie de comunista heavy em Paris. Ele passara a infância nas ruas, morando em prédios bombardeados com gangues itinerantes de garotos como ele. Tinha histórias para contar, em que o mais velho entre os garotos de rua era uma menina de doze anos, que os maltratava, transava com eles e agia como mãe deles, cozinhando, limpando e mandando-os roubar galinhas; nas emergências, ela saía e se prostituía para sustentá-los. Quando ele tinha uns sete anos, vendia fotos de sacanagem para os soldados. Primeiro para os alemães, depois para os americanos.

Não sei como Antoine chegou aos Estados Unidos, mas tinha, quando o conheci, uma esposa americana, pintora, de reputação pequena, porém sólida, e uma bolsa de estudos parcial na Universidade de Nova York. Todos passamos a gostar muito dele; tinha uma sagacidade ácida e ousada e parecia um agente do FBI. Quando havia problemas, como às vezes acontecia, entre nós e a gangue de rua do bairro, eu ia com Antoine ao point da vizinhança, ficávamos de mãos dadas, bebíamos refrigerante juntos e geralmente deixávamos claro que ele era meu namorado. Só o tamanho dele já impressionava: tinha um metro e noventa e três de altura e pesava cerca de cem quilos. E seu *trench coat* lembrava os filmes de homens durões dos anos 1940.

Ele costumava entrar em casa com certo alarde. Eu acordava assim que ele entrava na cozinha, de onde anunciava sua presença ao andar pensativamente de um lado para o outro. Depois ia até a sala, deitava o corpo pesado sobre mim e me beijava para me despertar formalmente. Ele era bom com os lábios, como vim a notar que são os franceses. Não são grandes garanhões na cama, ainda que sejam um pouco convencidos nessa área, mas tendem a ter uma boca boa. Ótimos com a língua na orelha, mordiscando o pescoço e chupando a buceta.

Em geral, era possível induzir Antoine a tirar a roupa, mas não era fácil: ele agia com base no princípio de que qualquer hora, jeito e lugar eram bons para transar, como no chão, caso alguém estivesse ocupando a cama. Ficou muito ofendido quando recusei por considerar o chão da cozinha sujo demais para mim. Ele esperava que eu ficasse com tesão de repente, e eu geralmente conseguia, porque naquela primavera eu ia para a cama esperando que alguém ou algo acontecesse, e as noites em que não acontecia eram, felizmente, bastante raras.

Ele gostava de me chupar e tinha um bom repertório de ritmos e movimentos com a língua. Também gostava que eu o chupasse. Era muito meticuloso quanto ao modo. Tinha toda uma sequência estabelecida de ritmos e velocidades preferidos. Chegava a ser meio como fazer uma prova. Ele sempre afirmava que as garotas francesas chupavam melhor, alegava ser cultural – eram treinadas em adoração fálica pelas mães desde o berço.

Transar com ele era razoável. Sua corpulência me tirava o tesão – isso e o fato de que quase nunca tirava as meias. O pau era grosso, mas um tanto curto, e, embora paus grossos sejam legais, dando uma sensação boa de completude, nunca fui da opinião de que a largura compensa o comprimento – gosto de senti-lo tocar o colo do útero. Além disso, ele tinha uma ligação excessiva com a técnica: transar com ele era muito parecido com uma aula de acrobacia, com um pouco de hataioga no meio.

Mas eu transava com ele, e com muita frequência. Havia algo estranhamente reconfortante nele: algo sólido e viril depois de todos os garotos com quem tive relações.

Como Don, por exemplo. Ele ainda estava na cena, fazia visitas frequentes, era silencioso, longo e triste, e passava para a cama. Ou, o que era mais comum, me acordava sussurrando que estava com um táxi esperando, perguntando por que eu não ia com ele ao seu apê na Central Park South. Eu me levantava e vestia rapidamente uma calça jeans esfarrapada, atravessávamos a cidade de táxi e passávamos pelo porteiro que fazia cara de desaprovação. Ele ligava a cafeteira elétrica antes de sair, o café estava pronto, e a vitrola ainda estava tocando quando entrávamos. Passávamos de cômodo em cômodo sobre o carpete azul-claro, tirando nossas roupas. Passávamos de café para conhaque, tomávamos uma ducha no banheiro deslumbrante, esfregando um ao outro com toalhas grossas de cores intensas e óleos indianos exóticos, e terminávamos na cama imensa do quarto acortinado.

A reticência de Don era em grande parte verbal. No aspecto físico ele era muito presente, com uma eletricidade sob a pele parda que fazia meu sangue ferver, embora eu não soubesse exatamente por quê. É uma questão interessante, essa questão da "sexualidade". Ele certamente era tímido e tinha algo de sem jeito, porém – um grande porém – ele me atraía, fazia minha cabeça girar, literalmente, algo que, por fim, atribuí a uma carga na pele parecida com a eletricidade estática, uma superabundância de força vital (magnetismo animal? orgônio?) –, algo que estala de modo palpável diante do toque.

Transar com ele tinha mais a ver com tentação que com satisfação. Seu pau era muito bonito, ferramenta longa e delgada, infinitamente expressivo. Sua cor era indescritível, e tinha belos cabelos: encaracolados em cachos firmes como uma toca por toda a cabeça. Ele era do tamanho e da forma de que eu mais gostava também: um pouco comprido e magro demais – uma elegância exagerada, alongada. Mas nada disso era a essência. Sua essência eram sombras e brilhos sem cor no escuro. Ou o lampejo de sua pele quente, relâmpagos dourados. Esquivo. Escorregadio com uma cintilação nos olhos, olhando para você por cima dos ombros.

Nas manhãs, minha cena com Don beirava o incestuoso: um quê de relação amável entre irmãos, ao estilo Cocteau, enquanto relaxávamos em uma nudez simplista nas grandes cadeiras estofadas, lendo e tomando suco de laranja, ou assistindo ao jornal da manhã na TV na grande sala de estar acortinada.

Às vezes, a porta se abria e era Ivan, sorridente, voltando de alguma cidade exótica no centro do país e pronto para pular na cama no meio da tarde. Ele havia se casado e voltado a estudar, fedia a hera, a muros acadêmicos caindo aos pedaços e às infinitas brisas empoeiradas das planícies do Centro-Oeste. Mas não dava para se deixar enganar por seu ar profissional, porque o antigo brilho ainda estava no olhar, e, assim que eu tirava sua gravata e as perneiras, ele se inclinava sobre mim sobre a colcha de cetim vinho e checava todos os meus reflexos com a língua e a ferramenta.

Eu sempre ficava contente em ver Ivan porque eu sabia que ele daria conta do recado, o suficiente para cumprir com todas as minhas exigências. Um pau inteiramente absorvente, que não me deixava margem nem pensamentos para mais nada. Brincávamos até amanhecer nos campos totalmente familiares do corpo um do outro, depois saíamos no crepúsculo e vagávamos pela cidade, pegando um táxi até West Side, para o extremo norte da ilha, Endwood Park, chupando um ao outro naquela mata fria e úmida, enquanto, ao redor do tênue farfalhar da fauna selvagem, ouvia-se o roçar dos garotos gays buscando parceiros. Depois pegávamos o metrô até um restaurante chinês no Harlem e voltávamos andando para a Sixtieth Street, atravessando o Central Park, desviando dos carros de polícia em patrulha (porque nessa época havia um toque de recolher nos parques), agachados juntos atrás de pedras e arbustos, passando a mão um no outro só pela excitação criminosa.

Voltávamos para casa com fome, fumávamos haxixe e ficávamos com mais fome ainda. Devorávamos tudo na cozinha – até sanduíche de calda de chocolate Bosco – e caíamos na cama, grudentos de leite e mel para transar até amanhecer, nossa pele com um brilho prata mágico ao luar que era refletido na saída de emergência.

Ivan era sempre excitação, riquezas e certa faísca no ar. Pete era casa, acabrunhamento e sanduíches de queijo suíço no pão de centeio para o almoço. Transar com ele era como tomar chá com bolinho – com certa consciência vaga de que os bolinhos eram hóstias, mas sem a mínima ideia do que fazer a respeito. Tínhamos, afinal de contas, dividido uma cama durante cerca de seis meses antes de começarmos a trepar: havíamos combinado no começo do outono anterior de só transar quando caísse a primeira neve. Depois, a primeira neve passara por nós e já estávamos em pleno inverno, após meu trabalho para Ray Clarke, quando ficamos juntos.

Dormir com Pete era como dormir com um urso de pelúcia em tamanho real: peludo, afetuoso e impassível. Aprendi a gostar. Antoine tinha de machucar um pouco antes de ficar excitado, alguns arranhões nas costas ou mordidas aqui e ali. Georgie tinha de se machucar. Don precisava de mistério, silêncio e muita ordem para se soltar, e Ivan dependia de uma faísca e de um elã que nem sempre surgiam facilmente. Mas com Pete as coisas podiam ser exatamente como eram: realmente podia haver sanduíches embolorados ao pé da cama, mingau de aveia empoeirado no café da manhã, gás e luz cortados. Era possível ser excitada, excitável ou nenhum dos dois, não se preocupar com a aparência – até ter um pouco de caspa. Nenhum grande encantamento – uma espécie de sexo pão com manteiga.

Logo depois que começamos a transar, Pete voltou a morar ali, fugindo de Big John e do quarto mobiliado após uma noite em que – segundo ele – voltou para casa e viu que o amigo levara para a cama uma pintura a óleo, úmida, de dois metros. Era uma coisa boa e agradável dividir a casa com Pete, ter um amante disponível, e não me incomodava. Ele não era – ou não parecia ser – nem um pouco ciumento e, se chegava em casa e eu estivesse com outra pessoa, simplesmente saía para comer um muffin inglês e tomar um café. Ou eu me levantava depois que ele adormecia e escapava com Don ou Ivan, para voltar antes de clarear e encontrar meu companheiro de cama do mesmo jeito que o deixara.

O único cara, nessa época, que vinha do centro da cidade, que vinha de fato do centro, era Dirty John. Ele trazia certa extravagância, uma atmosfera mais pé no chão: tinha o odor rançoso de roupas velhas e matava baratas.

Dirty John fazia jus ao nome: era conhecido pela pouca frequência de banhos. No inverno, não tomava banho nenhuma vez, nem sequer trocava de roupa. Quando chegava novembro, ele vestia um moletom azul-escuro de capuz que emoldurava o rosto magro, moreno e furtivo, e o fazia parecer um vampiro do gueto, para só tirá-lo em abril. Isso é, caso a primavera não atrasasse. Ele tinha um relógio Timex de sete dólares e pulseira larga que tirava ao se deitar, cuja tira deixava uma marca branca no braço cinzento. Cor de cinzas, olhos vivos de furão espiando de dentro do capuz. Corpo flexível e ágil – bom para pular janela e com a habilidade de gozar seis ou sete vezes no mesmo número de horas.

Dirty John era diversão garantida, cheio de planos para enriquecer rápido. Meu favorito era a ideia de comprar um pedaço do deserto do Arizona, em um dos trechos retos de duas pistas que o atravessam, incorporar ali uma cidade, definir um limite de velocidade de vinte e cinco quilômetros por hora e cobrar multas altíssimas do pessoal que passasse por ali à noite. Não era um plano ruim, na verdade. Depois disso já passei por diversas cidades dos Estados Unidos que sobrevivem exatamente dessa forma. Orem City, em Utah, por exemplo.

Dirty John raramente ia ao apartamento, mas quando ia era sempre uma ocasião especial. Lembro-me de algumas vezes em que fomos para a cama por volta das sete e fizemos amor seis ou sete vezes antes de nos levantar por volta das duas da madrugada para comer algo na lanchonete Rudley's, no parque. Em seguida, com o reforço de sanduíches extras para mais tarde, seguíamos para casa e mandávamos ver, caindo no sono depois de clarear.

Dirty John era dos cortiços de Pittsburgh e era cheio de uma paranoia obscura e de uma desesperança que eu reconhecia em mim mesma, mas não encontrara em ninguém mais. Ele tinha certeza de que tudo daria errado no final. Provavelmente estava certo. Mas, na cama, ele era um prazer, havia uma insinuação agradável em sua maneira de fazer amor, algo que vinha devagar e forte, pegava de surpresa, de modo que luzes azuis como as da cocaína derretiam nas vísceras antes de se ter consciência de que algo começara a acontecer. Ele não se continha, esperando que o outro o seduzisse, como Don fazia; não estava lá, largado, uma montanha na janela da cozinha, como Pete ficava; não vinha como uma figura importante que realmente sabia das coisas, como Antoine; ele era apenas sossegado, um bom amante que desmontava o outro quando menos se esperava. Dirty John era diversão, camaradagem e uma boa foda. Um corpo pequeno e delgado que se encaixava bem no meu e, embora não tomasse banho no inverno, estava bem naquela primavera, porque nunca estava fedendo quando estávamos juntos, e seu pau estava sempre limpo – o que mais uma garota pode querer?

Ele me deixou com uma boa sensação quando nos separamos, porque eu sabia que os jogos que eu curtia estavam sendo perpetrados em algum outro canto da cidade, conduzidos em segredo e silêncio. Como a ocasião da qual ele me falou, quando, após três dias de solidão e meditação profunda, entrou em contato com o povo do disco voador. Eles tinham acabado de entrar pela janela para levá-lo junto, conforme havia pedido, quando ele percebeu de repente que não estava pronto ainda, e disse isso a eles, que foram embora obedientemente. Pessoas assim eram raras em meados da década de 1950, e eu apreciava Dirty John – um bom amigo que chegava em sua moto roubada e atravessava a cozinha em silêncio absoluto sempre que eu pensava muito nele: era como um chamado.

E assim eles vinham, todos iguais, mas cada um diferente do outro. Eles me despertavam antes de chegar à porta, bastando a presença e a forte mente telepática, como Dirty John; ou quando enfiavam a chave na fechadura, sutis e autoconfiantes, como Ivan; quando andavam pela cozinha com ar pesado e possessivo, como Antoine; ou quando iam até a cama e me cumprimentavam com um beijo, e eu beijava, dizendo "quem?" – ou, beijando, reconhecia o toque ou a textura: o cheiro das roupas mofadas de Pete, a colônia cara de Don, uma aura que era meio sentida no escuro.

E eles subiam na cama, meio vestidos, ou se sentavam sobre os cobertores e conversavam para me despertar, levavam uma erva ou um vinho, e eu observava, descabelada e sonolenta, enquanto acendiam o fogo. Havia o som da *Missa em Si Menor* durante a transa, ou de Bessie Smith, e tínhamos a lua, a brisa que vinha do rio e entrava pela janela aberta, ou o cinza abafado e frio, e a chuva batendo no parapeito e pulando em gotas brilhantes e explosivas, e tudo era bom, o centro e a essência daquele tempo. Eu via aquilo como uma transa com companheiros, e um ano se passou.

Capítulo 14

Partimos

ENQUANTO ISSO, NO MUNDO EXTERNO, TUDO ESTAVA MUDANDO MAIS rápido e mais do que percebíamos. Achamos que estávamos fazendo as mesmas coisas de sempre porque as mudanças aconteciam em câmera lenta, mas aconteciam, e, quando olhamos pela janela, estávamos em outro lugar.

Havíamos percorrido uma variedade de jogos estéticos: pequenas revistas para as quais não conseguimos levantar nenhuma grana, projetos teatrais em lofts gigantescos que nunca se materializaram, uma visita que eu e Susan fizemos a Ezra Pound, que quis que mudássemos sozinhas a natureza da programação da rede nacional de televisão. Leslie coreografou e produziu seu primeiro recital de dança. As pinturas fantásticas de Pete ficaram com dois metros e meio de largura e mais melancólicas. Eu escrevi *This Kind of Bird Flies Backward*, meu primeiro livro de poemas, e Pete e Leslie me garantiram solenemente que ele não poderia ser publicado porque ninguém entenderia uma palavra da gíria de rua. Don não foi aceito no Actors' Studio e fez um filme. A maioria dos amigos dele *foi* aceita e parou de nos visitar. Miles Davis mudou-se da Tenth Avenue; não cruzávamos mais com ele às três da tarde, de óculos escuros, fazendo sinal para um táxi, parecendo ter acabado de acordar.

Sobrevivemos ao horror da eleição de 1956, assim como havíamos sobrevivido às execuções dos Rosenberg e à revolução húngara: paranoicos, grudados no rádio e falando sem parar sobre onde poderíamos nos exilar. Cada centímetro das paredes e do piso do apartamento foi coberto com murais e frases sábias: "Os unicórnios herdarão a terra". "Sacrifique tudo pelo traço limpo." "Não tenha pensamentos tortuosos." Etc etc. Wilhelm Reich estava em uma prisão federal.

O primeiro terror da precipitação radioativa finalmente sobreveio, e um grupo de pessoas comprou terras em Montana para construir uma cidade sob uma cúpula de chumbo. Em Nova York, um planejamento municipal neofascista começava a surgir, e toda a área ao norte do nosso prédio foi condenada para demolição, abrindo espaço para o que viria a se tornar o Lincoln Center. A casa ao lado do nosso prédio, que estivera vazia por vinte e oito anos e funcionara como nosso lixão particular enquanto morávamos lá, foi derrubada de repente, deixando alguns mendigos sem teto e espalhando milhares de ratos – a maioria deles para dentro de nossas paredes.

A maior parte dos bares gays escandalosos havia sido fechada, e as pessoas passavam pela Central Park West com mais cautela: havia muitas batidas de policiais à paisana. Havia cada vez mais drogas à disposição: cocaína e ópio, além da onipresente heroína, mas os alucinógenos ainda não tinham entrado em cena. A afluente sociedade pós-guerra coreana adaptava-se a uma sordidez mais severa e de longo prazo. Àquela altura, realmente não parecia haver saída.

Pelo que sabíamos, éramos apenas um pequeno grupo – talvez quarenta ou cinquenta na cidade – que sabia o que sabíamos: que corria por aí de calça Levis e camisa de trabalho, fazia arte, fumava baseado, curtia o novo jazz e falava uma versão bastarda da linguagem negra. Nossa suposição era que houvesse outros cinquenta morando em São Francisco, e talvez mais cem espalhados pelo país: em Chicago, Nova Orleans etc. Mas nosso isolamento era total e impenetrável, e nem sequer tentávamos nos comunicar com esse punhado de colegas. Nossa principal preocupação era manter a integridade (muito tempo e energia eram voltados para a definição do conceito de "se vender") e ser *cool*: um corte e uma definição limpos e fortes no meio da indiferença assustadora e do sentimentalismo à nossa volta – "a mídia sensacionalista". Recorríamos uns aos outros para consolo, para elogios, para amor, e afastávamos o resto do mundo.

Então, uma noite – era uma noite como muitas outras; havia umas doze ou catorze pessoas jantando, inclusive Pete, Don e gente do Studio, Betty McPeters e seu séquito; as pessoas andavam de um lado para o outro, bebendo vinho, conversando com empolgação em pequenos grupos, enquanto Beatrice Harmon e eu preparávamos a refeição – o sacerdote ex-ladrão de livros chegou e colocou um pequeno livro preto e branco na minha mão, dizendo: "Acho que isso pode interessá-la". Eu o peguei, folheei a esmo, ainda determinada a servir nosso ensopado de carne, e me vi no meio de *Uivo*, de Allen Ginsberg. Soltei a concha, voltei ao começo e, de imediato, minha atenção foi capturada por aquela abertura triste e poderosa: "Vi as melhores mentes da minha geração destruídas pela loucura...".

Fiquei excitada demais para me preocupar como o ensopado. Passei a tarefa a Beatrice e, sem nem agradecer a Bradley, saí com seu livro novo. Andei algumas quadras até o píer na Sixtieth Street e me sentei diante do rio Hudson para ler e encarar o que estava acontecendo. A expressão "abrir terreno" ficava me vindo à mente. Eu sabia que aquele Allen Ginsberg, quem quer que fosse, abrira terreno para todos nós – algumas centenas de nós – só por ter publicado aquilo. Eu ainda não fazia ideia do que isso significava, até onde nos levaria.

O poema colocava certo peso em mim também. Concluí que, se havia um Allen, devia haver muito mais, outras pessoas, além de meus poucos amigos, escrevendo o que diziam, o que ouviam, vivendo, ainda que de maneira furtiva ou envergonhada, o que conheciam, escondendo-se aqui e ali como fazíamos – e agora, de repente, prestes a se manifestar abertamente. Porque eu senti que Allen era apenas, só podia ser, a vanguarda de algo muito maior. Todas as pessoas que, como eu, escondiam-se e esquivavam-se, escrevendo o que sabiam para um grupo pequeno de amigos – e até mesmo os amigos que afirmavam que aquilo "não poderia ser publicado" –, esperando apenas com uma leve amargura a coisa acabar, que a era do homem chegasse ao fim em uma labareda de radiação – todos esses iam agora dar um passo à frente e se pronunciar. Não muitos os ouviriam, mas eles, finalmente, ouviriam uns aos outros. Eu estava prestes a conhecer meus irmãos e irmãs.

Havíamos chegado à maioridade. Eu estava assustada e um pouco triste. Eu sempre me apegara de forma instintiva à vida não convencional, fácil e espontânea que levávamos no lugar, nossa percepção tácita de que estávamos sós em um mundo estranho, uma percepção que nos mantinha orgulhosos e unidos. Mas, naquele momento, o arrependimento pelo que poderíamos estar perdendo estava enterrado sob uma sensação abrangente de regozijo, de alegria. Alguém estava falando por todos nós, e o poema era bom. Eu estava animada e encantada. Voltei para casa e para o jantar, e nós lemos *Uivo* juntos; eu li em voz alta para todo mundo. Uma nova era havia começado.

Enquanto isso, as mudanças começavam a ocorrer à nossa volta, mais intensas e pesadas que nunca – de modo que nem nós podíamos deixar de notá-las. A primeira coisa que percebi e que me abalou muito foi que o lugar estava se esvaindo, estava gasto demais. Não aconteceu nada em particular, ele apenas começou a ficar com aquele ar, aquela sensação, quando você abre a porta e entra, de que o lugar não é habitado há algum tempo, de que o ar está parado. Os lugares fazem isso, já notei. Eles viram as costas sem avisar, se fecham, e, de repente, é como se você morasse em um necrotério ou em uma geladeira. O impulso vital que criava um lar, uma espécie de centro vivo, muda de direção como uma corrente oceânica, e aquela ilha específica não está mais no trajeto. Dá para perceber, porque mesmo no auge do verão há um frio no ar, alguma coisa que penetra os ossos.

Os ratos faziam parte disso. Eles haviam se mudado para lá, em massa, da casa demolida ao lado, e corriam e brincavam na cozinha à noite, fazendo uma algazarra. Eles entravam pelo buraco sob a pia da cozinha, e nós o tampávamos repetidas vezes com pedaços de metal, até não restar nada para pregar o metal além de mais metal, e eu desisti. Mas era comum eu sentir um arrepio profundo, de pasmo, ao acordar de manhã e ver que um pão inteiro, no saco plástico, havia sido carregado até o meio da cozinha, ou encontrar as pegadas nítidas e pequeninas, um centímetro de comprimento, de um de meus companheiros peludos na gordura congelada do assado do dia anterior.

O'Reilley já havia saído da nossa cena de maneira mais ou menos completa. De vez em quando, ela aparecia e ficava por uma ou duas noites, como quem coloca a ponta do pé com cautela em uma água imunda, depois se retirava para a segurança e a ordem do seu novo apartamento no East Side. Don, após terminar o filme, decidiu se levar a sério e partiu para Hollywood. Pete adoeceu, e desde então fiquei sabendo que é o que acontece com ele a cada três ou quatro anos: ficou gravemente doente, com pneumonia, e teve de ser enviado para casa, em Kew Garden Hills, em um táxi pago pelo pai, ardendo em febre. A doença em si foi atenuada muito rápido, mas a fraqueza permaneceu, e Pete ficou no luxo relativo da casa da família, comendo bifes de contrafilé e repousando.

Pode ter sido nossa grande população de ratos que levou Leslie a cair no mundo, mas acho que foi apenas dor de crescimento: de repente, ele se sentiu com idade suficiente para ter o próprio lugar e saiu para arrumar um. Encontrou um loft na Prince Street, em uma parte do Village que acabara de ser aberta. O loft era o andar superior de um prédio de três andares. Eles eram abertos uns para os outros na escada e no corredor, e dividiam o mesmo banheiro. Inquilinos anteriores instalaram uma banheira e um aquecedor de água no segundo andar, e o atual vizinho de baixo de Leslie acabara de acrescentar uma pequena pia que também servia para a louça de todos. Leslie tinha um fogão de duas bocas sobre um frigobar bambo e uma mesa com três cadeiras instáveis. Toda a água vinha do andar de baixo e era carregada em galões de vinho. Era jogada pela janela quando a pessoa não estava a fim de fazer o trajeto até o banheiro do segundo andar. Ninguém se preocupava com extintores de incêndio, saídas de emergência ou outro tipo de regulamento. Morar em lofts era ilegal, e todos que podiam pagar moravam em um.

A iluminação e o espaço da casa de Leslie eram encantadores: sala de estar imensa, como um grande celeiro, plantas verdes para todo lado. Cortinas brancas que provavelmente não passavam de lençóis deixavam entrar o jogo de luzes. Um quarto quase tão grande voltado para o norte acima de um pátio pavimentado e infinitas possibilidades de telhados. E a cozinha de lado. Era o apartamento mais luxuoso (e mais caro) que qualquer um de nós já tentara. Custava oitenta dólares por mês, e todos admiramos Leslie por encarar esse aluguel.

Com o lugar, Leslie arrumou alguém para dividi-lo, um garoto comprido, magrelo, de aparência engraçada, chamado Benny Hudson. Ele tinha orelhas de abano e um casaco espinha de peixe. Cheirava a sabonete, seriedade e outras virtudes do Centro-Oeste, mas tinha um emprego e podia pagar metade do aluguel – tudo, em caso de emergência –, então lá estava ele. Ele e Leslie eram amantes, por assim dizer. Isso é, eles transavam, e Benny estava apaixonado.

Quanto a mim, ainda estava presa, por sentimento e apego, ao apartamento em Uptown. Ele era a minha base, embora eu raramente dormisse lá. Eu havia parado de pagar o aluguel alguns meses antes, mas não o largava, murmurando "vigilância sanitária" para o senhorio sempre que ele murmurava "despejo" para mim. Estávamos em um impasse.

Como eu não estava mais pagando o aluguel, o senhorio não fazia mais nenhum reparo, o que significava que, quando a gangue do bairro quebrava as janelas, elas continuaram quebradas, até que quase todas ficaram assim. Ventava lá dentro, mas estava voltando a esquentar, portanto não importava. Depois a luz e o gás foram cortados. Passei a comer fora, a comer e a tomar banho na casa dos outros, a ler à luz de vela, o que era assustador por causa dos ratos. Eu não apreciava a ideia de encontrar uma ratazana do tamanho de um gato à luz de vela na cozinha. Comecei a procurar outro lugar para morar.

Mais ou menos nessa época, decidi que queria ter um bebê. Não foi nada que eu tivesse decidido com a cabeça, apenas uma vaga agitação e um impulso no corpo, uma vontade de florescer, de me realizar – e algo sussurrando em minhas células que a cena que eu conhecia dera o que tinha que dar, que havia muitos outros estados do ser a serem explorados. Não fiz nada a respeito, continuei a usar um diafragma quando transava, era só a minha cabeça que estava em outro lugar. Comecei a ver todos como possíveis pais e descobri que muita gente parecia ridícula sob essa luz.

Estive me correspondendo de forma esporádica com Allen Ginsberg e alguns de seus amigos desde que li *Uivo* (Lawrence Ferlinghetti até escreveu uma pequena introdução ao meu primeiro livro "impublicável"). Agora Allen e sua turma estavam em Nova York, e eu estava ansiosa para conhecê-los. Após alguns telefonemas de um lado e do outro, eles foram até o loft de Leslie, onde eu estava hospedada, levando uma grande quantidade de vinho barato e uma erva muito boa. Ficamos todos completamente chapados. Allen e Jack Kerouac, que estava com ele, recitaram um discurso longo, bonito e todo bombástico sobre poesia e empreendimentos elevados. A convicção de Jack, da qual Allen compartilhava na época, era de que não se deveria mudar nem reescrever nada. Ele sentia que o clarão inicial da mente excitada era o melhor, na vida assim como na poesia, e pude ver que ele realmente vivia assim. Ele se apoderou dos meus cadernos e passou a desconsiderar as correções dos poemas, lendo os versos originais irregulares com fluência, tornando belas as pausas e partes desajeitadas, enquanto todos ficávamos cada vez mais chapados.

Propus que passassem a noite lá. Allen estava interessado em Leslie e concordou de imediato, incumbindo seu amante, Peter, de ajudar na mudança do sofá da sala para o quarto e a colocá-lo ao lado da cama de casal. Eles tinham mais ou menos a mesma altura e formavam uma única cama muito larga e só um pouco irregular. Arrastaram tudo até o centro do quarto, arrumando plantas ao redor e queimando incensos indianos, que colocaram nos vasos. Benny observava horrorizado.

Depois de beijar todos nós demoradamente, Peter foi embora – para quais rituais noturnos misteriosos, só podíamos imaginar. Leslie acendeu velas, colocou-as ao lado da cama e apagou a luz. De repente, o quarto parecia imenso, misterioso, as camas, uma ilha, um acampamento em uma grande floresta deserta (as plantas de plástico de Leslie). Todos tiramos a roupa – Benny com algum tremor – e subimos na cama.

Foi uma orgia estranha, pouco marcante. Allen fazia as coisas acontecerem, abraçando de maneira ampla e completa todos nós, um de cada vez e todos juntos, deslizando de corpo em corpo em um grande lamaçal de corpos. Foi afetuoso, amigável e muito pouco sensual – como estar em uma banheira com outras quatro pessoas. Para piorar as coisas, eu estava menstruada e com uma percepção aguda do cordãozinho branco do absorvente interno saindo da buceta. Brinquei um pouco com os cacetes que me cercavam, planejando sair assim que possível para não atrapalhar e ir dormir.

Mas Jack era hétero e, ao se ver na cama comigo e três gays, queria uma xota e estava decidido a consegui-la. Ele começou a me convencer a tirar o absorvente, esfregando o nariz e passando o belo rosto nos meus seios e pescoço. Enquanto isso, todos os outros insistiam que eu entrasse no jogo. Allen começou um longo discurso sobre as alegrias de transar durante a menstruação: a lubrificação extra, a excitação extra devido à carga de hormônios, os animais no cio sangram um pouco etc. Finalmente, para a vibração do grupo todo, puxei o talismã sangrento e arremessei para o outro lado do quarto.

Depois de ter feito a sua parte para garantir uma noite prazerosa para Jack e para si, Allen passou a se concentrar nos corpos masculinos e jovens ao lado, e logo foi envolvido, por Leslie de um lado e Benny do outro. Ouvi uns grunhidos e senti muitos sacolejos e batidas, mas no rebuliço das roupas de cama a ação era muito obscura. Jack começou me chupando com cavalheirismo para provar que não se incomodava com um pouco de sangue. Ele se aninhava e abraçava de uma forma impetuosa e era um homem grande. Fui tomada e fiquei deitada de pernas abertas e olhos fechados, enquanto ele bufava e pulava feito Pã. Quando fechei os olhos, senti mais uma vez o oceano quente de corpos ao meu redor e pude distinguir os diferentes sons de amor e a respiração de todas as criaturas.

Finalmente nos soltamos das roupas de cama: Jack, com um grande grito, levantou-se e jogou todas no chão, depois caiu pesadamente e entrou em mim de imediato. Minha surpresa momentânea se transformou em prazer, e eu me contraí sobre o seu pau, colocando-o todo dentro de mim, sentindo-me bem e completa. Ele tocou o colo do útero, e eu senti uma emoção diferente, um prazer que, começando na virilha, espalhou-se para fora, até a extremidade da pele, agitando separadamente cada folículo capilar do meu corpo. Sacudimos e nos mexemos, procurando a melhor posição, fodemos de lado por bastante tempo. Depois Jack saiu de mim e se virou, ficando deitado de costas. Brinquei com seu pau meio mole com sinais do meu sangue, fazendo-o voltar a crescer. Ele indicou com gestos que queria que eu me sentasse nele. Eu o fiz, direcionando o pau para dentro de mim, e ele tocou o mesmo ponto no fundo do útero de novo, mas desta vez mais forte, de modo que o prazer foi mais agudo, arrematado com uma leve dor.

Foi uma transa longa, lenta e boa. Ajoelhei-me com os pés dobrados sob mim e subi e desci no pau de Jack, enquanto suas mãos na minha cintura suportavam e guiavam meu movimento. Olhei de relance para o grupo ao meu lado. Leslie estava deitado sobre Allen, beijando-o, e eles esfregavam as barrigas. Pude imaginar, embora não estivesse vendo, os paus duros entre eles, comprimindo a pele macia dos abdomens. Benny estava deitado um pouco mais para o lado dos dois, beijando as costas e o pescoço de Leslie, e estava com o próprio pau na mão. O prazer começou a aumentar nas minhas vísceras, eu me curvei e beijei

Jack na boca, movimentando-me cada vez mais rápido contra ele. Suas mãos nos meus ombros me seguraram com firmeza e calor quando nós dois gozamos no conforto amigável daquele quarto enorme à luz de velas.

Jack mexeu-se após alguns minutos de leve descanso. Inclinou-se para a lateral da cama, tateando para encontrar sua sacola de couro macio e enrolou um baseado de maconha mexicana boa. Tragou fundo e passou para mim. Fumei um pouco e olhei ao redor para ver como os outros estavam. Allen estava deitado de bruços na cama, e Leslie fodendo o cu dele. Tentei passar o baseado para Benny, que o recusou, balançando a cabeça, e caiu chorando nos meus braços. Devolvi o baseado para Jack e tentei confortar Benny, mas ele só ficava ali parado, chorando suavemente. Acariciei seus ombros e suas costas, querendo que ele parasse. Era muito chato. Jack me olhou nos olhos e abriu um sorriso diante do meu desapontamento. Virei o rosto na direção dele, e ele colocou o baseado na minha boca, segurando-o para mim, enquanto eu tragava. Finalmente, Benny parou e disse: "Tenho de ir ao banheiro". Ele saiu pisando com força, fazendo barulhos injuriosos, encontrou um roupão e sumiu nos corredores e escadas insondáveis.

Allen e Leslie terminaram, e Leslie estava com fome, como sempre ficava depois de transar. Ele foi à cozinha e voltou com pão, arenque e um saco de pêssegos temporãos, e ele, Jack e eu ficamos comendo e fumando, enquanto Allen rabiscava em um caderno, erguendo a cabeça de vez em quando, distraído, procurando o fumo. Jack puxou-me entre suas pernas, começou a esfregar o pau mole na minha bunda, que endureceu novamente, e exclamou: "Olha, Allen!", e pulou para fora da cama, me puxando para cima dele, enquanto fazia um *plié* profundo, e nós tentávamos transar na posição tibetana *yab-yum*. A sensação era boa, estava muito agradável e era bastante divertido, mas Jack estava bêbado e chapado, sem muito equilíbrio, e nós caímos, quase batendo em uma planta, e continuamos transando no chão, minhas pernas em torno da cintura dele, enquanto ele protestava que deveríamos ter ido mais devagar e deixado que ele ficasse na posição de lótus para tentarmos essa. Mas eu simplesmente travei os tornozelos em volta da cintura dele, abri a bunda dele com as mãos e o mantive ocupado. Viramos para um lado e depois para o outro no chão.

A essa altura, Allen recitava Whitman, esfregava o pau de Leslie com os pés e, quando Leslie ficou duro de novo, chupou-o. E Benny voltou do banheiro e chupou Allen. Em seguida, Jack voltou à sacola e tirou uma bola de pingue-pongue preta de haxixe, e nós fumamos um pouco e comemos o resto. Eu adormeci e sonhei que o éter era carne, e os corpos humanos não passavam de ondas elevando-se sobre ele. Eu as vi formarem-se e desfazerem-se a noite toda.

Quando amanheceu, meu fluxo estava com intensidade total, e eu fiquei na cama, sobre uma toalha, enquanto Leslie e Benny saíam, cheios de vigor, para comprar absorventes, café e ovos do dono da mercearia horrorizado.

Duas semanas depois, de volta para casa e sentada sob um feixe de luz do sol sobre o chão pintado de preto, enquanto um fogo fraco ardia para fazer companhia e não pelo calor, em meio a uma nuvem de pó branco que eu levantara ao tentar esculpir um bloco duro de gesso de Paris para formar algo que lembrasse uma mão, com a poeira branca no ar limpo, a casa varrida pelo vento que entrava pelas janelas quebradas, ouvi uma chave virar na fechadura. Eu me virei, de suéter branco e calça jeans, poeira branca de gesso nos cabelos, e vi Ivan parado à porta. Ivan, que eu não via havia muitos meses, que desaparecera nas profundezas do sul, em alguma faculdade sulista tediosa em que lecionava. Ficou parado, dando seu sorriso de sempre, apesar da gravata e do sobretudo sério, e atravessou – com sapatos reluzentes – as tábuas varridas e lascadas, removendo luvas de professor.

Baixei a mão esculpida pela metade e fui cumprimentá-lo: dar um beijo longo e bom, ainda que só um pouco melhor que nossos beijos de muito tempo atrás. Bebemos conhaque juntos em xícaras de café e comemos pão com queijo, enquanto ele me contava da sua vida, do incrível circuito de "trabalho", de palavras e de dinheiro que se fechara à sua volta.

E eu, olhando-o de cima a baixo, vendo como ainda se movimentava de modo tão agradável, sentindo os músculos fortes sob as roupas sérias, os belos ossos do rosto, maçãs altas que se mantinham ao longo dos anos, a mente rápida mexendo agora com tolices da semântica e do positivismo lógico, atolado no ciclo cármico, mas ainda soltando faíscas repentinas, lançando magia no ambiente, até estarmos os dois rolando de rir no chão, joelhos para cima e conhaque derramado – eu, notando esses pontos positivos, os quais eram centrais, e que toda a bobagem cármica não alterara, pensei por um instante na possibilidade de ser ele o pai que eu estava buscando.

Foi o último dia realmente bom no lugar. Ivan, como de costume, desfez-se da pompa do seu guarda-roupa e trepamos a tarde toda, no feixe de luz sobre a cama de casal. A quintessência de tudo o que o lugar havia sido, a magia acolhedora e a grande aventura que vivemos nele, tudo isso flutuava à nossa volta, no ar empoeirado daquela tarde. Aquela vida nunca parecera tão graciosa e suave, mais plena de amor gentil e da liberdade essencial do que nesse dia, e eu sabia que estava me despedindo dele. Quando Ivan partiu, fiquei acordada por um longo tempo, olhando fixamente para a saída de emergência e para a iluminação escassa das estrelas que entrava pela janela.

E, quando a lua cheia voltou a brilhar na saída de emergência, minha menstruação não veio como deveria. E, quando a lua minguou, meus seios cresceram e ficaram doloridos, e eu sabia que estava grávida. Comecei a encaixotar meus livros e empacotar as quinquilharias da minha vida, porque uma aventura inteiramente nova estava começando, e eu não fazia ideia para onde ela ia me levar.

Posfácio

Escrever memórias

EM MARÇO DE 1968, FIZ MINHA ÚLTIMA MONTAGEM TEATRAL EM Nova York. Chamava-se *Monuments*, e era uma série de monólogos: as pessoas interpretavam a si mesmas – minha impressão do interior de suas mentes. Havia oito monólogos, e qualquer um deles podia ser apresentado em qualquer ordem para formar uma espécie de "história", ou pelo menos uma sequência, e nós a apresentamos no Café Cino. No monólogo que escrevi para mim mesma, eu me perguntava se iria, "algum dia, me sentar em uma *bay window*[14] em São Francisco, olhando para a chuva e escrevendo outro romance".

No solstício de verão, eu me vi em um avião com uma criança berrando, parte de uma equipe de catorze "adultos", com todos os filhos, animais de estimação, rifles, máquinas de escrever e instrumentos musicais, que migrava de Nova York. Eu me esquecera de avisar ao meu marido aonde ia, uma vez que ele estava na Índia à custa de nossos cartões de crédito e se esquecera de me deixar algum crédito, deixando-me, em vez disso, um grupo de meninos lindos que ele amara e deixara (levei dois deles comigo). A equipe ia para o Oeste de diversas maneiras, sendo aviões e uma Kombi (recém-adquirida com a

---

14 Algo como uma janela saliente ou sacada fechada com vidros, típica da arquitetura vitoriana e comum na arquitetura de São Francisco. (N. E.)

última parte do meu crédito) as mais notáveis. Sempre vou me lembrar de ser recebida no aeroporto pela picape mais gasta que eu já vira, dirigida por Lenore Kandel, com uma criança Digger[15] de uns dois anos de pé ao seu lado, na cabine, despida da cintura para baixo e mordendo um cachorro-quente (horroroso para a minha mente macrobiótica). Uma miscelânea de vira-latas – a maioria canina – dividiu a traseira da picape conosco, e seguimos para a cidade. Meu filho pequeno se recusava a parar de gritar.

Alguns meses e muitas aventuras horrendas depois (*vide*, se desejar, o meu, como dizem, trabalho em andamento, *The California Book*), eu me vi abrigada na *bay window* já mencionada, olhando para a estação chuvosa mais pesada em dez anos e escrevendo – bem, escrevendo para pagar nosso aluguel e nosso jantar. A maioria dos catorze adultos permanecera por perto e nenhum deles estava trabalhando. A pessoa, uma amiga gay, que tinha o melhor histórico como trabalhadora – dez impressionantes anos trabalhando em escritórios em Nova York –, estava de cama, para descansar e se recuperar. E todo o pessoal menos resistente fizera o mesmo. Ou estavam organizando eventos, entregando comida de graça, vendendo ou produzindo substâncias químicas ilegais, publicando manifestos anarquistas, planejando ataques políticos, criando espetáculos de luz para shows de rock, alimentando guitarristas de rua ou fazendo brincos de contas ou copos de velas com pedras coloridas.

Além disso, um grande grupo de amigos californianos recém-encontrados também tinha chegado para ficar em casa,

---

15 *Diggers*, coletivo contracultural de São Francisco, originado de um grupo de teatro de rua. (N. E.)

alguns convidados, outros não. (Tínhamos alugado uma casa de catorze quartos, um porão reformado, um apartamento conjugado e um quintal enorme a trezentos dólares por mês.) Ainda me lembro com uma antipatia marcante dos dois casais com sete filhos que os Diggers instalaram, apesar dos meus protestos, no chão da sala de jantar. Esses casais acabavam de voltar do Havaí, aonde tinham ido para "se limpar" – largar a heroína. Os Diggers que os buscaram no aeroporto na minha van também buscaram um presente para eles – mais heroína. Então eles passavam o dia sonhando nos meus tapetes de pele de ovelha espalhados pela sala. Todos, exceto um dos homens, que estava propenso a vagar pelas ruas em busca de vítimas para assaltar, a queimar em nossos altares qualquer coisa que fosse combustível (estátuas de madeira eram seu alvo favorito) ou a limpar suas armas bem atrás de mim no meu escritório, insistindo que, se eu fosse budista *de verdade*, isso não me incomodaria, e eu seria capaz de escrever independentemente do que ele fizesse.

E fui capaz. E fiquei feliz quando a polícia de São Francisco finalmente foi atrás dele, ainda que eu tenha armado a briga tradicional: "Vocês tem um mandado?" etc. E fui capaz de escrever, caso contrário, como teríamos a alga, o arroz integral e a sopa de missô que eu considerava necessários para nossa sobrevivência? Era uma vida esquizofrênica. Eu me sentava em zazen todas as manhãs no Zen Center da Bush Street e, por isso, ia dormir antes das dez, enquanto, no andar de baixo, as pessoas dançavam de botas em cima da mesa da sala ou realizavam conferências para definir onde deixar as crianças quando começassem a injetar. Eu me levantava às quatro, acordava os dois hippies zen de Michigan na varanda dos fundos, e nós três empurrávamos a Kombi na Oak Street à luz do crepúsculo até ela pegar e íamos ao Zen Center. Ao voltarmos, eu fazia mingau de aveia ou creme de arroz suficiente para o batalhão que éramos, comia um pouco e ia para a minha grande sala frontal para escrever antes do agito começar.

Eu havia conhecido Maurice Girodias[16] em Nova York e escrito as cenas de sexo para alguns romances chatos e inócuos que ele adquirira para serem usados como esqueletos de enredo aos quais seriam adicionadas cenas lascivas, como orégano ao molho de tomate. Antes da minha partida, ele me pedira para escrever um romance, e quando ficou óbvio que o dinheiro estava escasso, para ser sutil (tudo o que se pudesse querer naquela São Francisco de 1968 – duzentos quilos de peixe de graça, quilos de maconha por oitenta e cinco dólares, ótimo vinho barato, comida de graça, praia e céu –, tudo menos dinheiro. A "prosperidade" estava em qualquer lugar em que nós não estivéssemos) –, quando, como eu ia dizendo, ficou óbvio que o dinheiro estava escasso e que provavelmente continuaria assim, comecei a trabalhar e logo escrevi páginas suficientes para receber um adiantamento. Foi a primeira e única vez que escrevi só para ganhar dinheiro, e estava claro que esse era o caminho a seguir.

Entenda, o dinheiro não deveria estar escasso. Antes de sair de Nova York, autoridades de Washington haviam me concedido uma subvenção de dez mil dólares – uma quantia considerável na época. Ela deveria chegar de uma vez no dia primeiro de julho, apenas dez dias após minha chegada a São Francisco. Porém, devido aos caprichos da burocracia, ela nem sequer co-

---

16 Editor pioneiro francês, dono da Olympia Press, baseado em Paris e em Nova York. Publicou autores como Nabokov, Samuel Beckett, William S. Burroughs e muita literatura e subliteratura erótica. (N. E.)

meçou a aparecer até janeiro seguinte, e depois passou a vir em gotas pequenas e relativamente inúteis. Estava claro que os vinte e tantos seres humanos de tipos variados que me davam a honra de sua presença nos corredores, sacadas e balaústres da minha casa tinham de comer.

E assim eu ia da minha meditação matinal e alimentação macrobiótica à máquina de escrever, para, de fato, ficar sentada na janela saliente que eu pedira aos deuses, produzindo páginas de reminiscências, enquanto Black and White Panthers, Hell's Angels, papagaios, bandas de rock, diversos tipos de traficantes chineses e indígenas americanos e bebês sem fralda entravam e saíam da sala (ninguém reparava se a porta estava fechada, e trancá-la era causar confusão). À medida que o tempo passava, avancei com o livro, especialmente na parte de lembrar e recriar os tempos mais antigos, o início dos anos 1950 na cidade. Eu tocava Bird, Clifford Brown ou "Walkin'", de Miles, enquanto escrevia, e pequenas memórias perfeitas de gente, lugares e cenas havia muito esquecidos me surpreendiam – o que é, claro, uma das alegrias de se escrever prosa e que eu experimentava ali pela primeira vez. Fico muito feliz por ter escrito o livro e por tê-lo feito quando o fiz, antes que o mundo do Ocidente me tomasse por completo: lendo-o hoje, há muito de que não me lembro, que leio como se fosse a história de outra pessoa.

Montes de palavras partiam para Nova York sempre que o aluguel estivesse atrasado, e voltavam com as palavras "MAIS SEXO" rabiscadas na primeira página, com a letra inimitável de Maurice, e eu imaginava ângulos bizarros de corpos ou estranhas combinações de humanos, enfiando tudo ali e mandando de volta. Às vezes, eu andava pela casa, procurando gente para verificar algumas coisas: "Deite", eu dizia, "quero ver se uma coisa é possível". E eles se deitavam, vestidos, e descobríamos, de modo amigável e desinteressado, se determinada contorção era viável, e depois nos levantávamos, sem excitação alguma, e cada um voltava a cuidar da sua vida.

Por volta do meio-dia ou à uma hora da tarde, eu tinha o suficiente para o dia, encerrava os trabalhos e caminhava até o bairro japonês para comer peixe cru e tomar saquê, que eu descobrira ser a única forma de me aclimatar à chuva, à névoa e ao vento marítimo que eram uma constante no cabo de frigideira formado com o Golden Gate Park. (Eucaliptos na neblina, o cheiro deles e de cocô de cachorro, e o fogo a gás na lareira ladrilhada é do que me lembro dessas manhãs.) Após o almoço havia brincadeiras, colares de contas, política e escrita "de verdade", e todos os trabalhos e prazeres daqueles dias corridos.

E o livro foi terminado, e, quando o auxílio financeiro chegou, eu o usei para comprar o marido que voltara da Índia. Depois disso a cena ficou mais pesada e triste, o FBI começou a aparecer todos os dias, e pareceu ter chegado a hora de fechar a loja e ir para o mato. Mas tudo isso é outra história.

Diane di Prima
São Francisco
Equinócio de outono de 1987